¡sssssshhhhhhhhhh!

Haz del teatro algo íntimo

Llévalo siempre en el bolsillo

Cubierta y diseño editorial: Éride, Diseño Gráfico
Dirección editorial: ángel jiménez

Primera edición: abril, 2025

Raccord
© Rodolf Sirera
© VdB, 2025
Espronceda, 5
28003 Madrid

VdB®

ISBN: 979-13-87644-14-7
Depósito Legal: M-8998-2025
Diseño y preimpresión: Éride, Diseño Gráfico

 Este libro protege el entorno

raccord

Rodolf Sirera
(Valéncia, 1948)

Licenciado en Historia, y con estudios de Filología. Como gestor teatral, ha sido codirector artístico del Teatro Principal de Valencia, y director de los Teatros de la Diputación y del festival Sagunt a Escena. En 1984 pasó a dirigir el Servicio de Música, Teatro y Cinematografía de la Generalitat Valenciana, entre otros cargos. Como guionista de televisión ha escrito y dirigido guiones de series para Televisión Española (*Amar en tiempos revueltos, La sonata del silencio*), Antena 3 (*La catedral del mar*), Tele 5 (*El Súper*), TV3 (*Temps de silenci, Setze dobles*), Canal 9 (*Heréncia de sang, A flor de pell*), à Punt (*Parany*) y Netflix (*Los herederos de la tierra*).

Es autor de más de cincuenta obras de teatro, algunas de ellas escritas en colaboración con su hermano Josep Lluís, con las que ha obtenido diversos premios, entre los que figuran el Ciudad de Barcelona, el Born, el Sanchis Guarner, cinco premios Max, tres de ellos a título individual y dos más por trabajos en colaboración, además del Nacional de Teatro de la Generalitat de Catalunya y el Premio de Honor de las Artes Escénicas de la Generalitat Valenciana. Tiene obras traducidas y estrenadas en más de una quincena de idiomas.

Entre sus obras destacan *Plany en la mort d'Enric Ribera* (1972); *El verí del teatre* (1978); *La primera de la classe* (1983); *Cavalls de mar* (1986, con Josep Lluís Sirera); *Indian Summer* (1987); la ópera *El triomf de Tirant* (1991), con libreto de Josep Lluís y Rodolf Sirera y música de Amando Blanquer; *La caverna* (1993); *Maror* (1994); *Punt de fuga* (1999); *La mirada del alquimista* (2000); *Raccord* (2006); *Trio* (2011); *Plagi* (2014) y *Dinamarca* (2019, a partir de un argumento esbozado con Josep Lluís Sirera).

RODOLF SIRERA

raccord

Esta obra se estrenó en la Sala Tallers
del Teatre Nacional de Catalunya, el 12 de abril de 2005,
interpretada, por Francesca Piñón (LA MUJER),
Artur Trías (EL HOMBRE MAYOR), Mar Ulldemolins (LA MUCHACHA)
y Oscar Intente (EL HOMBRE).

Dirección: Carme Portaceli.

«Otro signo de vejez, este más general: cuando llegué a Dresde a los treinta y ocho años y durante mucho tiempo después, me distancié interiormente de algunos compañeros y de otras muchas personas, con esta sensación: son viejos, imposible que ellos sientan las cosas como las sientes tú. Ahora, esa sensación de distancia, multiplicada por cien, es ésta: son jóvenes, no sienten como tú. Creo que cada persona divide instintiva e ingenuamente a toda la humanidad en viejos y jóvenes y hasta un determinado momento se incluye a sí mismo en una mitad, y después en la otra. Creo que no hay ningún puente de una mitad a la otra. Yo no sé cuándo he pasado de una a otra».

Victor Klemperer
Diarios 1933-1941
20 junio 1971

«Raccord» es el término que, en una película, designa la necesararia adecuación entre todos los elementos: actores, vestuario, decorados, etc., que intervienen en una secuencia y que se han de repetir en la siguiente, para que haya coherencia entre ambas.

Muy próximo fonéticamente encontramos el verbo inglés «Record», grabar, registrar —un disco, una película—. Y cambiando el acento de sílaba tenemos en catalán «Record». «Recordar» es revivir, volver a hacer presente, aquello que se ha grabado, registrado —To record— en la memoria.

Y uno de los grandes retos de la memoria es hallar la necesararia coherencia y/o adecuación —Raccord— entre todo aquello que recordamos.

Raccord se escribió dentro del programa T-6 del Teatre Nacional de Catalunya. Se publicó, conjuntamente con *16.000 pessetes*, de Manuel Veiga, en el volumen nº 47 de la colección de textos del Teatre Nacional de Catalunya.

(Barcelona, Proa, 2005).

Raccord obtuvo el Premio Max 2006 al mejor texto dramático en catalán, y el Premio de la Crítica de los Escritores Valencianos. Ese mismo año se publicó la versión francesa de la obra, traducida por André Delmas, y con el título de *Puzzle* (París, Éditions de l'Amandier, 2006).

Personajes

LA MUCHACHA	Julia / Laura / Una
EL HOMBRE MAYOR	Lluís / Roger
LA MUJER	Rosa / Carlota
EL HOMBRE	Ramón / Enric

Los nueve personajes de la obra serán interpretados, ayudándose con los mínimos elementos diferenciadores de vestuario, por cuatro actores.

Épocas

La obra se desarrolla en tres veranos diferentes:

Al primero, el de 1929, corresponden los personajes de Julia y Lluís. Julia es la madre de Roger, y Lluís el padre de Rosa.

Al segundo, el de1969, corresponden los personajes de Rosa, Enric y Laura. Rosa y Enric son los padres de Carlota; Laura es la madre de Una.

Al tercero, el de 2003, corresponden los personajes de Roger, Ramón, Carlota y Una. Roger es el padre de Ramón; Ramón y Carlota no tienen hijos.

Acción

En una playa imprecisa y en un tiempo cambiante.
Izquierda y derecha, las del espectador.

[1]

El escenario, a oscuras. Luz sobre Julia, *en primer término izquierda, sentada frente a una mesita de mimbre. Mientras habla va encajando las diferentes piezas que componen un rompecabezas.*

Julia   (*Al público.*) Mi padre está de acuerdo conmigo; mi madre, no, a mi madre cualquier cosa que signifique un cambio, la sola idea de ir contra corriente, la aterra. Vive pendiente del qué dirán. Mi padre no piensa como ella, no me lo ha dicho, pero yo lo sé, por la manera como me sonríe, como me mira: se ha establecido una especie de complicidad entre nosotros, pero aún así no se atreve a enfrentarse a mi madre, de algún modo ha continuado la tradición de dejar que de las cosas de la casa y de la educación de los hijos se ocupen las mujeres.

A pesar de todo, mi madre no se ha opuesto abiertamente a que yo estudie en la universidad, aunque haya poquísimas mujeres que lo hagan: no quiere que la consideremos una cavernícola. Descartadas la medicina y las carreras científicas —hace falta una mente lógica que creo que no tengo— no me queda otra alternativa que derecho o letras. Se pueden contar con los dedos de una mano las mujeres que se dedican a la abogacía, y hace falta invertir mucha energía para destacar. Mi temperamento, que no dudaría en calificar de artístico, me inclina a las letras, una carrera que mi padre contempla con una sonrisa divertida, porque piensa que es algo completamente inútil, una especie de *hobby*, o el pez que se muerde la cola: solo sirve para acabar enseñando las mismas materias a los que, en el futuro, enseñarán las mismas materias a los nuevos enseñantes, y así hasta el infinito.

Pero, yo, lo que de verdad quiero hacer es escribir.

¡Vivimos en un mundo tan apasionante, en transformación! Los pueblos están en plena efervescencia, la Gran Guerra ha cambiado el mapa de Europa, las revoluciones sociales han puesto en cuestión los mismos fundamentos de un sistema que hasta ahora parecía inamovible. Y no solo eso: la ciencia y la técnica han conocido en las últimas décadas avances imparables, que han facilitado la comunicación entre los seres humanos y la difusión de las ideas. Nunca el arte se ha mostrado tan libre, tan abierto a toda la sociedad y no solo a unas clases privilegiadas.

Quiero ser escritora, sí. Quiero contar todo lo que bulle en mi cerebro, lo que veo, lo que sucede a mi alrededor. Pero tengo miedo de no tener la energía suficiente, o la constancia necesaria, para llevarlo a cabo. Mi padre a veces me mira, me sonríe, y pronuncia sentencias enigmáticas:

«Afortunadamente para ti y desgraciadamente para la revolución, no creo que tengas vocación de vestal», me dijo el otro día. Y cuando le pedí que me lo aclarara se limitó a añadir: «La vida es muy corta, hija mía, y mientras discutimos qué deberíamos hacer primero, vivir o filosofar, hemos perdido nuestros mejores años». «¿Lo dices por experiencia?», pregunté. Y él se encogió de hombros. «La vida, Julia querida, no se rige por la lógica, sino por el azar: un hecho tan simple como dar un paso en una dirección y no en otra puede cambiar la historia». «¿Qué historia?». «La tuya, la mía, la del mundo».

Eché a reír: «¿Quieres decir que lo que yo hago en este momento, colocar en su sitio la última pieza del rompecabezas, puede determinar el futuro de generaciones?». Mi padre sonrió de nuevo: «Es una posibilidad matemática». Y se marchó precipitadamente, porque mi madre lo llamaba desde la cocina. Y yo me alegré mucho de haber decidido estudiar la carrera de letras.

(*Vemos, proyectada sobre el fondo, la imagen de la mano de* JULIA *en el momento en que encaja la última pieza del rompecabezas. Cuando la mano se retira podemos apreciar que lo que ha estado componiendo es una fotografía antigua, en blanco y negro y coloreada posteriormente, o bien un dibujo, pero muy realista, que representa la playa donde transcurre la acción, tal como imaginamos que pudo ser hacia finales de los años veinte del siglo pasado. A la derecha, en primer término, una gran casa, con un cierto aire de castillo romántico «El Refugio», rodeada por un extenso jardín con muchos árboles, y protegida por un alto muro de piedra. Cerca de esta casa hay una parada de tranvía, con un vehículo detenido. La parte central de la imagen está ocupada por una playa, con dunas. A la izquierda, lejana, se divisa una casita de verano con porche. Se empieza a escuchar el sonido característico de un tranvía, que viene hacia nosotros. Simultáneamente, y mientras disminuye la luz sobre* JULIA *hasta apagarse totalmente, la imagen del fondo se nos aproxima, como si alguien cambiara varias veces el objetivo fotográfico, y se centra en la parte izquierda, dejando fuera de cuadro la casa grande de la derecha. El sonido del tranvía se detiene, como si hubiese llegado a la parada. La proyección del fondo se desvanece. Escuchamos cómo el tranvía vuelve a ponerse, poco a poco, en marcha.)*

Oscuro.

[2]

Nos encontramos a la orilla del mar. Una duna. Al fondo, hacia la derecha, la casita de verano que hemos visto, en la fotografía, en la parte izquierda: eso se debe al hecho de que en la fotografía mirábamos el mar desde la playa y ahora miramos la playa desde el mar. El sol brilla alto. Hace calor. Un hombre mayor, LLUÍS, ha abandonado su maleta sobre la arena, a un lado de la escena. Esta maleta, como veremos más adelante, contiene una anticuada y voluminosa máquina de escribir teóricamente portátil.

LLUÍS   (*Al público.*) La parada del tranvía queda lejos. He tenido que caminar y caminar y se me han llenado los zapatos de arena. No tiene sentido que me los quite, porque se me volverían a llenar. Será mejor que descanse un poco. (*Consulta el reloj.*) Aún faltan diez minutos. (*Se sienta sobre la maleta. Se enjuga el sudor.*) No es de buen tono llegar antes de hora. (*Pausa.*) Un amigo me dijo que me vio un día, de lejos, por la calle. Y que le pareció que hablaba solo. (*Reflexivo.*) No se equivocaba. (*Pausa.*) Y no solo es que hable. Dice también que gesticulo. Con la cabeza y con los brazos. Yo mismo me doy cuenta, a veces, de que estoy manteniendo un diálogo con una persona inexistente. Lo que más me preocupa es que oigo las respuestas del otro...

CARLOTA   (*Voz en off. Fuera.*) Me parece que eres un poco exagerado.

LLUÍS   No siempre ha sido así. Al principio sucedía solo de cuando en cuando. Pero parece haberse acentuado con los años.

RAMÓN   (*Voz en off. Fuera.*) Aunque lo intentara, no podría cambiar de la noche al día de manera de ser.

(*Entran* RAMÓN *y* CARLOTA, *hablando.*)

CARLOTA   No sé si lo que quieres decir es que hace falta mucho tiempo para cambiar de manera de ser o que no es posible cambiar de manera de ser de ninguna de las maneras.

(RAMÓN *se encoge de hombros. Él y* CARLOTA *se quedan mirando el mar, ignoran, no ven, a* LLUÍS, *que continúa sentado en su maleta, y ha comenzado a limpiarse ceremoniosamente las gafas. Pausa.* RAMÓN *se agacha, coge una piedra llana y la lanza contra el agua de forma que rebote sobre la superficie. La mira alejarse con satisfacción.*)

RAMÓN   El otro día leí que la gente que permanece demasiado tiempo en la Antártida, pierde parte de la memoria. Evaluaban la pérdida en un trece por ciento. Me sorprendió la exactitud del dato: no un número redondo —un diez por ciento—, ni una aproximación —en torno a—, ninguna hipótesis del estilo de «los científicos sospechan que es posible que se pierda una parte, pequeña pero significativa, de memoria». No. Un trece por ciento. ¿Por qué trece? ¿Con relación a qué? ¿Hay una cantidad mensurable de memoria, sobre la cual se pueda calcular el porcentaje? ¿Es acumulativo ese porcentaje? ¿Si en vez de una se hacen dos largas estancias en la Antártida, se pierde el veintiséis por ciento? ¿Y si se hacen ocho? ¿Se pierde entonces el ciento cuatro por ciento? ¿Y de dónde sale este cuatro por ciento de superávit? ¿De la memoria RAM? ¿O quiere decir que el trece por ciento del segundo año no es acumulativo, sino que es el trece por ciento del ochenta y siete por ciento restante, y así sucesivamente? ¿Cuantos años hacen falta entonces para quedarse con el disco duro vacío por completo? Para calcularlo, habría que aplicar una regla de tres compuesta, operación que no domino. Me pregunto sobre todo el porqué de esta insistencia con el trece, el número de la mala suerte, martes y trece, pero también viernes, el peor día para casarse o hacerse a la mar: Judas Iscariote era el convidado número trece a la Santa Cena y todos sabemos cómo acabó aquello.

(CARLOTA *se ha quedado mirando el mar, como abstraída.* LLUÍS, *que continúa sentado, suspira profundamente, se vuelve a poner las gafas.*)

LLUÍS   Una catástrofe. Y es que me precipito, no reflexiono. Desde que tengo memoria ha sido siempre igual. Y con los años la situación se agrava. Actúo sin pensar qué hago, me desoriento, no encuentro ningún papel, echo a la basura documentos que después necesito, olvido compromisos. (*Se quita los zapatos y los vacía de arena, sin dejar de hablar. Después se los pone de nuevo.*) Desde que estoy solo, quiero decir desde que mi mujer se marchó con la nena, tengo la sensación cada vez más angustiosa de que me paso la mayor parte del tiempo buscando cosas que nunca aparecen, tratando de organizarme. De organizar mi vida. (*Amargo.*) O lo que queda de ella. (*Pausa.*) El otro día descubrí en el vestidor unos zapatos que no recuerdo haber comprado. Los miré fijamente un rato, hacía esfuerzos para situarlos en el tiempo y en el espacio, pero me resultó imposible. Todo eso me provoca una gran desazón. (*Consulta nuevamente el reloj. Pausa.*) Y, después, la salud. Me duele el cuello. El dolor se extiende hasta el hombro. Las articulaciones de las manos me molestan también. Duermo mal; mi mujer me decía: nunca te estás quieto en la cama. Ya me gustaría a mí, quedarme quieto en la cama, cerrar los ojos y dormirme. Y soñar. (*Pausa.*) No sé por qué, pero hace años que no sueño. Más exactamente: que no recuerdo lo que sueño, si es que sueño algo. (*Suspira, pensativo.*) Y, a veces, me pregunto incluso si tiene sentido soñar. (*Pausa. Triste.*) Sospecho que no veré nunca más a Rosa, mi

hija. Solo tiene cuatro años. Me habría gusta-
do tanto enseñarle todo lo que sé. Y acompa-
ñarla al altar cuando se casara. La paternidad
es un sentimiento tan extraño... (*Reflexivo.*)
Siempre he pensado que tiene algo que ver
con la pedagogía.

(*Se queda, pensativo, mirando el mar.* CARLO-
TA *saca del bolso un espejito y se retoca el maquillaje.* RAMÓN, *arrodillado y sentado sobre
los talones, ajusta y se prueba una máscara de
submarinismo con su tubo respirador.*)

CARLOTA (*Al público.*) Intento convencerme de que no
haber tenido hijos tiene también aspectos po-
sitivos. Mi marido me dice: Carlota, no te que-
jes, podemos dormir toda la noche seguida,
sin interrupciones. No nos sentimos obligados
a levantarnos de la cama deprisa y corriendo
para prepararles algo que comer. Ni tenemos
que estar pendientes de sus estudios, ni de
comprarles ropa. Disponemos de más tiempo
para nosotros, podemos organizar nuestra vida
con más comodidad. (*Pausa.*) Eso dice Ramón.
(*Pausa.*) Cuando me despierto me quedo mucho rato mirando el techo. Sin moverme. Sin
hacer nada. Me digo: tengo que ponerme en
marcha. Pero siempre lo aplazo. Unos minutos. Una hora. Lo que más me cuesta es empezar. (*Mira a su marido de reojo. Con reproche.*)
Comenzar a qué, podrías preguntar.

(RAMÓN *se vuelve. Lleva puestas las gafas de submarinismo.*)

RAMÓN   (*Sin demasiado interés.*) ¿Comenzar a qué?

CARLOTA   (*Sin mostrar ninguna extrañeza por el aspecto de* RAMÓN. *Enumerando.*) A todo: levantarme, sentarme a la mesa del estudio, coger el teléfono, comer, sentarme a la mesa otra vez, volver a coger el teléfono, ver la película de la tele, hablar, leer un libro. (*Pausa. Seria.*) Respirar. (*Melencólica. Encogiéndose de hombros.*) Cerrar los ojos.

(*Cierra el espejito de maquillaje y lo guarda en el bolso.*)

RAMÓN   (*Se quita las gafas de submarinismo. Sin mirarla.*) El primer paso es el único que cuesta.

CARLOTA   ¿Qué?

RAMÓN   Hace años, era joven, me pidieron que comentara una frase.

CARLOTA   ¿Una frase?

RAMÓN   Una frase que hubiera orientado mi vida. O al menos que lo pareciese. Para un libro de citas.

CARLOTA   Suena un poco libertino. ¿Con quién estabas citado?

RAMÓN   Con nadie. En aquel momento salía con aquella chica rubia, que era farmacéutica. No sé si
te he he hablado alguna vez de ella.

CARLOTA   Me propuse no conocer a fondo tu, por lo que
sé bastante raquítica, vida sentimental.

RAMÓN   En eso tienes razón. En general, siempre he
procurado citarme a mí mismo.

CARLOTA   ¿No te dijeron en la escuela que esa práctica
perjudica gravemente la salud? Se te secará la
médula ósea, y te quedarás ciego. Y calvo.

RAMÓN   No fui a clase aquel día.

CARLOTA   (*Después de una pausa. Enjugándose el sudor,
como si la cosa no fuese con ella.*) Ha llamado
tu hermana. Dice que ha encontrado un trabajo en otra ciudad y que tendremos que ha-
cernos cargo de tu padre.

(RAMÓN *se tensa, pero no dice nada.* LLUÍS *vuelve a mirar el reloj. Se levanta. Se sacude la arena. Coge la maleta y se va.*)

Oscuro.

[3]

Cuando vuelven a encenderse las luces, Ramón
y Carlota están en la parte derecha de la esce-
na, sentados en sendas butaquitas plegables. Ra-
món duerme, el rostro cubierto por un diario.
Carlota tiene un papel entre las manos. La
casa lejana del fondo, que antes se encontraba
en la parte derecha de la escena, ahora la ve-
mos a la izquierda, como si tanto los persona-
jes como nuestro ángulo visual se hubiesen des-
plazado al lado contrario. Lluís y su maleta
han desaparecido.

CARLOTA   (*Leyendo.*) «Querida Carlota: ayer cumplí años;
me sorprendo de cómo pasa el tiempo, con
qué rapidez. Y eso que dicen que, en las últimas décadas, nuestros relojes vitales marchan
más lentos, y que la juventud, lo que algunos
llaman juventud, en especial los que son viejos y se justifican diciendo que es un «estado
de ánimo» y no una realidad biológica, dura
más años que antes. Y la prueba es que he leído que el Carnet Joven que acaba de sacarse
mi hija tiene validez hasta una edad en que
mi madre había dejado ya de hacer el amor
con su marido, porque lo consideraba algo
desenfrenado e impropio de una esposa sen-
sata». (*Levanta la cabeza, mira a Ramón, que*

continua durmiendo, se queda pensativa unos segundos. Después, continúa leyendo.) «Lo cual no consuela mucho, la verdad. Sobre todo cuando llega el momento en que descubres que has dejado de crecer. De subir cuesta arriba, y has alcanzado la superficie horizontal del altiplano de la vida. Pero no puedes quedarte ahí, tienes que seguir caminando. Y de repente, casi sin darte cuenta, se inicia el descenso. A veces pienso que los hombres lo tienen más fácil: la crisis de los cuarenta, y queman las naves, que es la manera más o menos literaria de decir que se dedican a hacer el ridículo con la excusa de los años. Un momento este a partir del cual, de desenfreno en desenfreno, comienzan su carrera contra el tiempo. Lo hacen disimuladamente al principio. Después, luchan a cara descubierta. O, simplemente, se dejan arrastrar, se declaran vencidos. Quizá ahora, con eso del alargamiento de los calendarios vitales, esta crisis les sobrevendrá un poco más tarde. ¿Cuando? ¿A los cincuenta? ¿O tendremos que esperar, quizá, a los sesenta? Es grotesco. A los sesenta ya no tienen ante ellos el inicio de la pendiente. Hace tiempo que la han dejado atrás. No: desde donde están se aprecia perfectamente, nítidamente, el fondo de la sima».

(*Del mar sale* LAURA, *cubierta con un exiguo bikini. Coge de detrás de la duna una gran toalla, en la que está reproducida una imagen de la película de dibujos animados de los Beatles «Yellow submarine», y se seca el cuerpo y los cabellos.*

Mientras Laura *habla,* Carlota *continúa leyendo la carta que tiene entre las manos.)*

Laura   (*Al público.*) Lo más difícil es mantenerse en superficie. Y no dejarse arrastrar. Controlar cada movimiento. Un ejercicio que requiere atención: hay que esforzarse mucho y es algo que fatiga. A algunos más que a otros. Pero tú continúas nadando contra corriente. Lo peor es que te crees un atleta. Pobre Enric, ¡tú, un atleta! No son tus méritos, soy yo, la que te dejo hacer. Quien te autoriza a descansar y evita que te hundas. ¿Te has preguntado por qué? No, no es por pasión, no creas, no permito que la pasión me ciegue. Porque, tal como yo lo veo, la nuestra es una relación sin futuro. Y, sin embargo, me resisto a volver a tierra firme. Quizá me gusta el riesgo. O simplemente me afirmo a través de ti, me ejercito. Lo que quiere decir eso no intentaré explicártelo ahora porque quizá no lo entenderías. O te sentirías tan herido en tu orgullo masculino que exigirías unas aclaraciones que no estoy dispuesta, en modo alguno, a darte. Quizá de aquí a unos años, cuando este país cambie, un tema del cual a ti no te gusta hablar, pero yo me niego a quedarme anclada en este presente de mierda, con los brazos cruzados, y por eso he de luchar para que cambie, cuando nosotras, las mujeres, tengamos los mismos derechos que los hombres, entonces lo que ahora renuncio a explicarte no te sonará tan extraño. Eso no quiere decir, claro está, que lo aceptes, cuando llegue el momento. Más aún: estoy segura de que tú, lo mismo que tantos hombres como tú, te resistirás a ello con todas tus fuerzas. (LA MUCHACHA *ha acabado de secarse. Extiende la toalla sobre la arena y se sienta sobre ella. Continúa hablando mientras se pone crema para el sol.*) De manera que, cuando esto nuestro se acabe, porque se ha de acabar, porque yo me cansaré de tus cobardías, y te forzaré a que tomes una decisión que, sinceramente, confío en que no sea la que mi papel actual me obliga a pedirte que adoptes, quizá comenzarás a entenderme. Y, entonces, serás tú mismo quien no te entenderás. Y te sobrevendrá la crisis. Será algo repentino, y te aviso, para que después no te coja por sorpresa, que desde el momento en que se inicie tu decadencia serás, y ya por siempre, impotente como en una mala comedia de bulevar, habrás perdido, sin heroísmo, la batalla y te quedarás dormido mientras te masturbas. Y quizá algún día te preguntarás qué se ha hecho de aquel mágico crepitar de hojas maduras que te resonaba en el bajo vientre, aquel aleteo de mariposas que se abría paso en tus testículos, mientras el corazón se acelera y la saliva deja de fluir cuando aún ves, o quizá no ves, sería más exacto, en una mujer algo más que una hipotética y tranquilizadora inquilina del otro lado del lecho matrimonial. Pero entonces yo ya no estaré contigo para responderte.

(*Se pone las gafas de sol, se tiende sobre la toalla.*)

CARLOTA   (*Continúa leyendo en voz alta.*) «No sé si prefiero eso. Quiero decir, que el hundimiento te
llegue a fecha fija. Es mucho peor aceptar que
el proceso de envejecimiento es un estado que
forma parte de ti desde el mismo momento en
que tomas conciencia de tu debilidad: es decir desde el mismo momento en que te ena-
moras. Y tenemos que ser conscientes de que
hoy se habla mucho menos de enamoramien-
to que de liposucción. Y eso que ambos son
procesos que hay que repetir periódicamen-
te, y el resultado de los cuales nunca llega a
ser plenamente satisfactorio». (*Levanta la cabeza del papel, sonríe para ella.*) Me gusta mucho esta chica. Sabe ser sarcástica cuando quiere... (*Se da cuenta de que* RAMÓN *continúa durmiendo, no la oye. Disgustada, levanta la voz.*)
Inés. Mi cuñada. La que cometió el error de
casarse con el inspector de hacienda. Nos ha
escrito una carta.

(RAMÓN *se mueve, le cae el diario a tierra.* CAR-
LOTA *se le queda mirando.* RAMÓN *se despierta,
sobresaltado.*)

RAMÓN   ¿Qué es ese ruido? ¿No oyes?

CARLOTA   ¿Qué ruido?

RAMÓN   Una canoa. Me ha parecido que una canoa pa-
saba muy cerca.

CARLOTA   (*Después de una pausa. Sin mirarlo.*) Papá tenía una canoa. La bautizó «Rosa», el nombre de mamá, pero cuando se puso enferma ya nadie quiso navegar con ella. (*Pausa. Concentrándose en el recuerdo.*) Unas semanas después de la muerte de mamá, papá revisó el motor. Le preguntamos para qué lo hacía, y nos dijo que a aquella canoa había que encontrarle alguna utilidad. Salió a navegar esa misma noche, había una mar tranquila, y ya no lo volvimos a ver.

(*Pausa. El hombre coge el diario del suelo.*)

RAMÓN   He leído un artículo en el diario...

CARLOTA   Sobre la pérdida de memoria en la Antártida.

RAMÓN   No recuerdo. ¿Era importante?

CARLOTA   No creo.

RAMÓN   Hablaba de la infancia. Decía que, cuando te haces mayor, ves toda tu vida como en un continuo. Una especie de presente inacabable. Siempre te ves igual, como si no envejecieras. La infancia es diferente. Parece que pertenezca a otro tiempo. Otro espacio, incluso. La pregunta es cuándo acaba la infancia. Sería tan fácil si en la vida hubiesen fechas prefijadas: desde que naces hasta los siete años; de los siete años hasta los catorce, etcétera.

CARLOTA	Siempre me sorprendió que la edad moderna comenzara el día de la caída de Constantinopla. Estoy seguro de que nadie se dio cuenta de eso.
RAMÓN	Pero todo el mundo recuerda dónde estaba cuando acabó el siglo veinte.
CARLOTA	En Marraquech.
RAMÓN	(*Sorprendido.*) ¿Lo dices en serio?
CARLOTA	A veces dudo de que exista la memoria como algo independiente de nosotros mismos. (*Pausa.*) De mí.
RAMÓN	Tú y yo tenemos recuerdos juntos.
CARLOTA	¿Estás seguro?
RAMÓN	¿De qué?
CARLOTA	De que existes.
RAMÓN	¿Qué quieres decir?
CARLOTA	¿Y si la única que existiera fuese yo?
RAMÓN	¿La única?
CARLOTA	En todo el mundo, quiero decir. Si el mundo solo existiera en mi cabeza.

RAMÓN   No te entiendo.

CARLOTA   Si el mundo, todo lo que hay en el mundo, tú mismo, solo existierais porque yo os he pensado. Y os recreo en mi memoria.

RAMÓN   Filosofía barata. Una prueba: yo tengo recuerdos exclusivamente míos. Que no comparto contigo.

CARLOTA   ¿Como cuál?

RAMÓN   De pequeño, estaba enamorado de Campanilla de Bronce. Me excitaba mucho... Sexualmente, quiero decir, cuando se sacrificaba para salvarle la vida a Peter Pan.

    (*Se queda mirando el horizonte, melancólico.*)

CARLOTA   Hace mucho calor. Deberíamos volver a casa.

    (*La mujer se levanta. Comienza a plegar el asiento.*)

RAMÓN   (*Después de una pausa. Sin mirarla.*) Le he pedido una pequeña moratoria, a mi hermana. Por lo de mi padre. Le he dicho que tenemos que hacer obras, reacondicionar una habitación.

CARLOTA   ¿Cuál?

RAMÓN   La de los armarios empotrados.

CARLOTA   Desde que recuerdo, siempre ha habido obras en esta casa. No sé por qué la compraron mis padres. Quizá porque no podían comprar la casa grande.

RAMÓN   ¿La casa grande? ¿La que han convertido en apartamentos?

CARLOTA   Exacto. La que hay al lado de la parada del tranvía.

RAMÓN   Qué cosa más absurda, volver a poner el tranvía, treinta años después. Hoy resulta molesto, el tráfico ha cambiado, hay más coches...

CARLOTA   (*Como para ella misma, mientras se va, arrastrando la silla.*) Todo acaba siempre volviendo. Las personas, o el recuerdo que tenemos de ellas. Y cuando dejamos de estar enamorados de las personas, siempre podemos enamorarnos de los recuerdos. Los recuerdos, al contrario que las personas, no decepcionan.

(RAMÓN *vuelve a abstraerse en la contemplación del mar.*)

Oscuro.

[4]

Cuando se encienden las luces, la casa aparece en la parte derecha de la escena, en primer término. Solo se ve un extremo del porche de entrada. El mar se supone que queda ahora en el lateral izquierdo. A la derecha, resguardados bajo la sombra que produce el techo del porche y la misma casa, vemos a JULIA *y* LLUÍS, *sentados alrededor de una mesa pequeña, de mimbre, donde hay una gran y anticuada máquina de escribir portátil.* LLUÍS *se ha quitado la chaqueta, suda copiosamente. Revisa un papel que le acaba de dar* LA MUCHACHA. *A la izquierda, de cara al mar,* ENRIC *está limpiando el motor de una canoa, que se encuentra varada sobre la arena. En la proa se puede leer un nombre: «Rosa».* LLUÍS *devuelve el papel a* LA MUCHACHA.

JULIA   ¿Otra vez?

LLUÍS   Otra vez, sí. Solo se consigue la perfección con la reiteración.

               (JULIA, *disgustada, pone otro papel en el carro de la máquina.*)

JULIA   ¿Desde el principio?

Lluís	Hay que volver siempre a las fuentes, como si dijéramos. Una y otra vez.
Julia	Un retorno a los orígenes.
Lluís	Cada comienzo plantea una nueva pregunta. Centenares de caminos abiertos. Miles de interrogantes. (*Julia bosteza, aburrida. Lluís empuja de repente el carro de la máquina y lo hace retroceder.*) Y una señal de aviso, para que no nos durmamos, para que nuestra imaginación esté siempre alerta. (*La campanita del carro de la máquina suena. Lluís sonríe.*) «Voilà». (*Julia, que se había quedado un poco como ausente, se sobresalta. Duda un momento. Después, se pone a teclear con energía.*) No tan fuerte. Perforará el papel. (*Julia se detiene unos segundos. Lo mira. Enseguida vuelve a teclear, burlona, con una suavidad exagerada. Lluís la observa un rato. Después se decide a hablarle de nuevo.*) Quizá a usted le resultaría más estimulante hacer las prácticas copiando otra clase de textos.
Julia	(*Sin levantar la cabeza de la máquina ni dejar de escribir.*) ¿Qué clase?
Lluís	Quiero decir, textos no concebidos para el aprendizaje. (*Pausa.*) Novelas, por ejemplo.
Julia	(*Como antes.*) ¿Novelas? ¿Como cuál?
Lluís	¿Le gusta Scott Fitzgerald?

JULIA   (*Sin dejar de escribir.*) ¿Quién?

LLUÍS   Scott Fitzgerald. Un escritor norteamericano.

JULIA   (*Queriendo ser brillante.*) Los norteamericanos
               me resultan muy interesantes, pero sus nove-
               las me aburren.

LLUÍS   No diga eso. Por ejemplo, *El gran Gatsby.* No
               es un libro aburrido. Cuando venía hacia aquí,
               me he acordado de él, no sé por qué. Quizá
               ha sido al ver aquella casa tan grande que hay
               al lado de la parada del tranvía. (*Pausa.*) Si
               quiere, se lo puedo dejar.

JULIA   (*No le presta demasiada atención.*) ¿El tranvía?

LLUÍS   Quizá preferiría un libro de poemas.

               (JULIA *lo mira. Se detiene.*)

JULIA   ¿Porque soy mujer?

LLUÍS   (*Incómodo.*) No... Vaya... Quiero decir... Las
               novelas son demasiado largas... (*Cada vez más
               nervioso, sin saber cómo arreglarlo.*) Si no se
               tiene mucho tiempo para leer...

JULIA   (*Sarcástica.*) Y, además, la poesía resulta más...
               romántica. (LLUÍS *no sabe qué decir.* JULIA *con-
               tinúa pinchando.*) Más... femenina...

LLUÍS   (*Evasivo.*) Creo que sería preferible que nos
               limitáramos a nuestros ejercicios...

(JULIA *mira el papel, la máquina. Después mira a* LLUÍS. *Pausa.*)

JULIA   ¿Sabe qué le digo? Que me parece todo muy complicado.

LLUÍS   ¿Complicado?

JULIA   (*Señalando la hoja que hay en la máquina.*) Lo de escribir a máquina. Las clases. Usted mismo. Su manera de hablar. Lo que me obliga a hacer. Me siento paralizada por sus excesos literarios.

LLUÍS   (*Protestando.*) ¡Si yo no la obligo! Han sido sus padres, los que... (*Se da cuenta, asustado.*) ¿Qué excesos?

JULIA   Literarios.

LLUÍS   (*Estupefacto.*) ¿Yo? (JULIA *afirma con la cabeza, fingiendo seriedad.* LLUÍS *protesta.*) Pero usted me había dicho que quería ser escritora. ¡Y ahora resulta que no le gusta la literatura!

JULIA   Una cosa es la literatura con mayúscula, un concepto, sustantivo, y otra, muy diferente, literario, literaria, adjetivo. Para mí, decir de una cosa que es demasiado literaria es lo mismo que decir muerta, no real. Mala literatura, a la postre.

LLUÍS   (*Desconcertado.*) ¡Pero si lo que le hago copiar es una carta comercial! ¡Un ejercicio de mecanografía!

JULIA   Lo que es literario, con la connotación nega-
             tiva que antes le explicaba, no es lo que me
             obliga a escribir. Sino el hecho mismo. Todo
             lo que lo rodea. Usted y yo, aquí, al lado del
             mar, la intimidad que se establece entre maes-
             tro y alumna.

LLUÍS   (*Incómodo.*) ¿Intimidad?

JULIA   (*Lanzada, ignorándolo, un poco declamatoria.*)
             Y, en el otro extremo de la playa, siempre ob-
             servándonos, vigilando nuestros movimien-
             tos, la casa grande de la parada del tranvía y
             sus habitantes misteriosos...

LLUÍS   ¿Y por qué misteriosos?

JULIA   (*Bajando la voz, cómplice.*) Dicen que él se hizo
             millonario con la especulación, durante la
             Gran Guerra. (*Sarcástica.*) Ventajas de la neu-
             tralidad, ya sabe.

LLUÍS   (*Sorprendido e intrigado a la vez.*) Está usted
             hablando de...

JULIA   El propietario de «El Refugio», nuestro Gatsby
             particular.

LLUÍS   Creía que había dicho que no conocía el libro.
             (JULIA *sonríe, se encoge de hombros, falsamen-
             te inocente.*) No me ha dicho usted la verdad.

JULIA Quien quiere ser escritor tiene que acostumbrarse a decir siempre la verdad más conveniente para tensionar dramáticamente el capítulo que lleva entre manos. Aunque esta verdad cambie entre un capítulo y el siguiente.

LLUÍS ¿Y lo ha visto usted alguna vez? En persona, quiero decir.

JULIA No baja nunca a la playa. Tiene piscina privada, en su casa. Y dicen que una magnífica colección de pintura moderna. Y que le gusta mucho viajar, que ha estado muchas veces en África y es un gran cazador. Ah, y que es guapo, muy inteligente, encantador y un poco triste. (*No se sabe si con ingenuidad o sarcástica.*) Lo cual parece que significa que tiene vida interior.

LLUÍS No se burle así de las personas.

JULIA Si no me burlo. De él, no.

LLUÍS Entonces, es de mí de quien se burla.

JULIA Es usted un personaje muy singular. Lo he visto antes, cuando venía hacia casa. Habla solo. Las personas que hablan solas lo hacen porque les da miedo hablar con los demás. O porque esconden un secreto vergonzoso.

LLUÍS (*Después de una pausa. Dolido.*) Decididamente usted se burla de mí. O, lo que dice, lo dice sin pensar.

JULIA   (*Después de una pausa, sin darle importancia.*)
               Nunca acostumbro a pensar lo que digo.

               (JULIA *saca el papel del carro de la máquina y
               lo hace pedazos.*)

LLUÍS   ¿Por qué ha hecho eso?

               (JULIA *se encoge de hombros.*)

JULIA   (*Señala la máquina.*) No le veo ningún senti-
               do, a todo esto. Ninguna utilidad.

LLUÍS   (*Embalándose progresivamente.*) Se equivoca.
               El arte de la mecanografía ofrece un gran fu-
               turo a los que se esfuerzan por dominarla.

JULIA   (*Indiferente.*) ¿De verdad?

LLUÍS   Claro. No se trata solo de una técnica que ha
               abierto las puertas del mercado laboral a mu-
               chas mujeres, y que ha permitido a otras, que
               ya trabajaban (*Se oye pasar, a lo lejos, un tran-
               vía.*) un aumento objetivo de su cualificación
               profesional. Saber escribir correctamente a
               máquina es hoy una aptitud muy bien consi-
               derada entre los sectores más avanzados de las
               clases acomodadas, incluidas las mujeres, en
               especial aquellas que miran la vida y los usos
               sociales con liberalidad.

               (JULIA *calla. Finalmente agacha la cabeza, fin-
               giendo resignación. Coge otra hoja y la pone en*

la máquina, un poco teatral. Comienza a teclear. El ruido continúa en segundo término. De repente, Julia *se detiene. Mira de nuevo a* Lluís, *algo desafiante.)*

JULIA   Yo no necesito aprender a escribir a máquina para promocionarme profesionalmente. Ni para mirar la vida con liberalidad. Yo ya soy liberal y mi familia tiene dinero. No me hace falta trabajar si no quiero.

LLUÍS   Entiendo. (*Pausa.*) Es usted muy afortunada.

JULIA   No, no lo entiende. Porque, al contrario de lo que la sociedad espera de nosotras, las mujeres, yo sí que quiero trabajar. Darle un sentido a mi vida.

LLUÍS   Una buena decisión. Y admirable, en una persona tan joven. La mecanografía le servirá igualmente para sus estudios.

JULIA   Ya he estudiado bastante. Ahora, lo que quisiera, es poder escribir todo lo que pienso. Escribiría incluso lo que no me atrevo a decir. (Julia *le mantiene la mirada, desafiante.*) Haría de mi vida una aventura.

(Lluís *no sabe qué decir. Pausa.* Julia, *algo decepcionada, vuelve a teclear con energía. El hombre que arregla el motor de la canoa,* Enric, *se seca las manos.*)

ENRIC   (*Al público.*) Cuando era niño leí una versión abreviada de *La isla del tesoro*. Me la regaló mi padre, cuando cumplí nueve años. La había envuelto en un papel decorado con imágenes de barcos antiguos y en el que, con letra gótica, la misma que usaba en los libros de contabilidad, había escrito: «Enric, grumete de la *Hispaniola*». Me prometí a mi mismo que, cuando fuera mayor, me compraría un barco, y me haría a la mar en busca del paraíso perdido. Ahora que soy mayor he comprendido que el paraíso perdido en realidad era la infancia: un lugar en el que no es necesario examinarse para obtener un título que nos permita navegar, ni buscar avales para solicitar un crédito para comprar un barco de juguete, y donde las bujías no se ensucian de aceite y no hace falta ir cada cuatro días a la gasolinera cargado de bidones para que nos los llenen de combustible.

     (JULIA *acaba de escribir. Saca la hoja de la máquina.*)

JULIA   (*Lee.*) «Tres son los tópicos que se utilizan con más frecuencia en los ejercicios de carácter decididamente masoquista a que se somete la memoria masculina al llegar a una cierta edad: el primero, la rememoración de la infancia como el tiempo de la felicidad».

LLUÍS   (*Entre incómodo y admirado.*) ¿De dónde ha sacado ese texto? ¿Es suyo?

JULIA   (*Ignorándolo.*) «...un tiempo, como dice uno
               de esos cretinos», cito textualmente, «en que
               uno estaba convencido de que todos los sue-
               ños podían convertirse en realidad». La úni-
               ca realidad es que les quedaba, estadística-
               mente al menos, mucha vida por delante, y
               eso les hacía concebir, bien de manera incons-
               ciente, determinadas esperanzas; esperanzas
               que, sin embargo, raramente se cumplen en
               la vida real».

LLUÍS   Es... admirable... y al mismo tiempo tan... tan...
               cruel...

JULIA   (*Hace como si no lo hubiera oído, pero halaga-
               da en el fondo.*) «La segunda, la del verano como
               plasmación, entre geográfica-climatológica y
               conmemorativa, de esa felicidad soñada, de-
               nominada, como hemos visto más arriba, con
               una cursilería que tumba de espaldas, «el re-
               cuerdo del paraíso perdido». Pero el verano es
               climatológicamente hablando una estación
               muy incómoda». (LLUÍS *se enjuga el sudor de la
               frente con un pañuelo, de manera algo subrepti-
               cia.*) «... y geográficamente, y considerada la
               falta de originalidad que caracteriza a nuestros
               contemporáneos, un ejercicio periódica y es-
               crupulosamente repetido de aburrimiento. Para
               valorar el verano en su justa medida, sería pre-
               ciso vivir como mínimo en Noruega».

               (ENRIC, *mientras tanto, ha acabado de montar
               el motor de la canoa.*)

ENRIC   (*Mientras trastea.*) «Pronto se cerrarán todos los fiordos, como dice el poeta». Fue la única vez que trabajé en el teatro. Era muy impulsivo y en el grupo había una chica que me gustaba mucho. Pero quizá yo no era demasiado bueno. O no tenía imaginación. En cualquier caso, aquello duró un par de meses. Las relaciones que de verdad nos interesan no acostumbran a durar mucho más. (*Pausa. Mirando el horizonte, con añoranza.*) Las exigencias de la vida real siempre acaban por imponerse. Y no me quejo por ello. Uno puede encontrar incentivos: pero hemos de procurar que no pongan en cuestión lo que tenemos. Pequeños complementos de felicidad, como si dijéramos. Por ejemplo, esta noche hay fuegos artificiales en el mar. El cielo está en calma, y la temperatura es agradable. Siempre he pensado que las noches de verano son maravillosas. Y, sin embargo, siento en mi interior una gran tristeza. Ibsen: *La dama del mar.*

           (*Hunde la cabeza entre sus manos, con desánimo.*)

JULIA   (*Continúa leyendo.*) «El verano, pues, como plasmación del tiempo efímero. Y llegamos al tercer tópico: enamorarse de una muchacha joven. Enamorarse del amor.».

LLUÍS   (*Angustiado.*) ¿Qué edad tiene usted, señorita?

JULIA   (*Como de pasada.*) Julia. Dieciocho años. Y llámeme por mi nombre.

LLUÍS   No sé si...

JULIA   (*Decidida.*) Julia. Y yo le llamaré Lluís...

LLUÍS   (*Nervioso.*) No, yo no...

JULIA   (*Impidiendo cualquier réplica del hombre.*) Pero se llama Lluís, ¿no? (*Rememorando.*) «Enamorarse del amor... (*Volviendo a la lectura.*) quizá deberíamos decir mejor añorar el amor que se sintió hace mucho tiempo e imitar las mismas tonterías que se hicieron entonces. Imponerse, como quien se agarra a un clavo ardiendo, la obligación de representar el papel de quien es aún capaz de sentir una pasión. Cerrar los ojos, y forzarse al viaje, diciendo: es el último tren que sale».

ENRIC   La última barca.

LLUÍS   (*Para él, pensativo, como un eco.*) La última barca... ENRIC *alza el rostro. Como tiene las manos sucias de grasa, se ha manchado, pero no se da cuenta.* JULIA *rompe a reír. Molesto.*) ¿De qué se ríe?

JULIA   (*Disimulando.*) He cometido una falta de ortografía.

     Oscuro.

[5]

Cuando continúa la acción es ya de noche. Se supone que la casa está ahora más allá del proscenio, en el lugar que ocupan los espectadores, por ello no la vemos. El mar se encuentra al fondo. La barca ha desaparecido. LAURA *y* ENRIC *están en la parte izquierda de la escena. A la derecha, mucho menos iluminada, casi entre tinieblas, hay una gran butaca de mimbre en la que está sentada* ROSA.

ENRIC   No deberías haber venido.

LAURA   Olvidas que vivo muy cerca. Al otro lado de la playa.

ENRIC   En casa de tus padres.

LAURA   Unas personas muy de orden. Fieles al Régimen, obtienen beneficios. Como muchos. Pueden comprarse un castillo. La diferencia es que ellos no lo hacen calladamente, como otros. (*Sarcástica.*) ¿Quieres que te los presente? Estoy segura de que te gustarían.

ENRIC   Laura, por favor, no comiences con tus provocaciones. Habíamos decidido que durante el verano te quedarías en la ciudad. Con la excusa de que tenías mucho trabajo en el estudio.

LAURA   Y nos veríamos a escondidas. Como toca. (ENRIC *calla.* LAURA *insiste, desafiante.*) ¿No dices nada? (*Le coge el rostro con la mano, lo vuelve hacia ella.*) Me gusta que me mires cuando hablas.

ENRIC   (*Se suelta.*) Estás completamente loca.

LAURA   Eres muy moderno. Muy liberal. Y tienes miedo de que nos vean juntos. (ENRIC *calla.*) ¿No es eso?

ENRIC   (*Se revuelve, incómodo.*) No soporto que me presionen.

LAURA   ¿Qué es lo que no soportas?

ENRIC   Lo has entendido muy bien.

LAURA   Me gustaría volver a oírlo. (*Pausa. Dura.*) Por favor, ¿qué es lo que no soportas?

ENRIC   Ya te dije que estas cosas necesitan un tiempo.

LAURA   Un no-tiempo, más bien.

ENRIC   ¿Cómo?

LAURA   Ahora eres tú quien no quiere entender.

ENRIC   Estoy harto. Deja de hacerte la mujer dura. Solo eres una chiquilla inconsciente que te metes donde no debes…

LAURA   Entre tú y tu mujer, por ejemplo.

ENRIC   Ahora no hablo de eso. (*Serio.*) Ve con cuida-
            do con lo que haces, me han contado que for-
            mas parte de... grupos subversivos...

LAURA   ¡No seas ridículo, Enric! ¿O, tendría que de-
            cir mejor, cobarde?

ENRIC   Soy prudente. Intento racionalizar. Esos idea-
            lismos tuyos no te llevarán a ninguna parte.
            Ni los amigos que frecuentas, tampoco.

LAURA   ¿Qué sabes tú de mis amigos?

ENRIC   (*Incómodo.*) Que no son... convenientes.

LAURA   ¿Estás refiriéndote, quizá, a un amigo en con-
            creto? (ENRIC *no contesta.* LAURA *insiste, dura.*)
            ¿Es eso lo que quieres decir?

ENRIC   (*Estalla.*) ¡Lo que quiero decir es que dejes de
            una vez de firmar manifiestos, de recoger fir-
            mas, de asistir a reuniones...!

LAURA   Hablas como mi padre. (*Lo mira.*) Pero no
            eres mi padre. (*Perversa.*) ¿O quizá te gusta-
            ría serlo?

ENRIC   ¡Intenta comprender, Laura, por el amor de
            dios! ¡No quiero perderte, pero no fuerces la
            situación!

LAURA   Venir aquí ha sido, según tú, forzar la situación.

ENRIC   (*A la defensiva.*) Deberías haberme avisado que venías.

LAURA   Es que quería verte completamente solo.

ENRIC   No te entiendo.

LAURA   Es muy sencillo: trataba de atraparte.

ENRIC   (*Sin dar crédito a lo que oye.*) ¿De atraparme? ¿Tú a mí? (*Pausa. Sarcástico.*) Estás loca.

LAURA   ¡Qué poca imaginación! (*Pausa.*) Atraparte era ver la cara que pondrías cuando me hiciera la encontradiza con vosotros. Cualquier mujer sabría leer en tu rostro como en un libro abierto.

ENRIC   Has ido demasiado lejos. No, lo digo de verdad. Demasiado lejos. Me niego a continuar con esa clase de juegos.

LAURA   ¿Que tú te niegas? Perdona, eres tú quien no entiende. Justo ahora mismo el juego acaba de empezar.

ENRIC   ¿Qué?

LAURA   Ahora.

ENRIC   ¿Qué quieres decir?

LAURA   Te excita el peligro, pero tienes miedo de comprometerte. Y cuanto más miedo tengas, más me desearás. Pero ya no me tendrás, y te atormentarás pensando que otro quizá sí. Y te costará volver a conseguirme. Porque, a partir de ahora, yo, y únicamente yo, marco las reglas.

(LAURA *se levanta y se va. En ese momento estalla un fuego de artificio y el agua se llena de colores.* ENRIC *se levanta también, sale detrás de* LA MUCHACHA.)

ENRIC   Espera...

(*Disminuye la luz que iluminaba a la pareja, hasta extinguirse, mientras aumenta un poco la que hay sobre la butaca de mimbre.* ROSA *no se mueve, tiene los ojos abiertos y la mirada perdida. Los fuegos de artificio continúan al fondo, durante todo el parlamento en off de* CARLOTA.)

CARLOTA   (*Voz en off.*) Fue el mismo día en el que se interrumpió el servicio de tranvías. Yo acababa de cumplir años, dieciocho, que en aquel momento no eran todavía la mayoría de edad, que Franco estaba aún vivo y coleando y eso del derecho de voto a los dieciocho años se concedió mucho después, de manera que no podías protestar demasiado, a las diez de la noche en casa, aunque en verano era diferente, y los padres algo más tolerantes, pero sin pasarse. Pues bien, habíamos ido toda la peña a ver el último tranvía, era una noche de verano, en calma. Cuando el tranvía se detuvo al lado de la casa grande, solo hacía un par de años que habían llegado los nuevos propietarios, gente con dinero, tenían una hija un poco más mayor que yo, tres o cuatro años, la vi alguna vez, de lejos, pero las familias no habían trabado amistad porque era gente que no salía demasiado, la hija sí, y mucho, como después tuve ocasión de comprobar, era una muchacha muy buena nadadora, y trabajaba en un estudio de arquitectos, cosa rara en aquella época, porque eran una familia acomodada, vivían encerrados en aquella especie de castillo, tiene mucho terreno y jardines, y una piscina grandísima, dicen que la hizo construir un millonario, en los primeros años del siglo, a semejanza de las que había en la Riviera, y por lo que respecta a la casa pierdes la cuenta de las habitaciones, una vez entré durante las reformas, cuando los nuevos propietarios todavía no se habían instalado; pues bien, cuando el tranvía se detuvo junto a la casa, el cielo se llenó de repente de fuegos de artificio: aquella gente tan huraña estaba disparando un castillo en honor del tranvía, que hacía su último viaje. Una semana después comenzaron a arrancar las vías. (*Se oye pasar a lo lejos un tranvía.* ROSA *se levanta. Continúa con la mirada perdida. Como un fantasma coge la butaca de mimbre y sale con ella de escena, mientras sigue escuchándose la voz de* CARLOTA.) Mi madre había ido a la ciudad y no había vuelto hasta la noche, creo que nos dijo que quería comprarle un regalo a papá, por su santo, siempre le compraba ropa, no era nada original. O quizá la ropa era para ella: los santos de mi padre y de mi madre, san Enrique y santa Rosa, caían los dos en verano, y por eso me confundo. El caso es que cuando llegó no nos dijo nada, se la veía rara, como ausente. Pero éramos jóvenes y no prestábamos demasiada atención a los mayores, si no se metían con nosotros. Cuando volvimos de ver pasar el último tranvía, mi madre estaba sentada en la playa. Me preguntó si sabía dónde estaba papá, y yo le dije que no, pero aproveché que parecía distraída y le dije que me iba un momento a casa de una amiga. (*La luz va disminuyendo poco a poco sobre la escena vacía.*) Entré en su habitación, buscaba un suéter, porque había comenzado a refrescar, y a menudo cogía ropa de mi madre, y entonces encontré en el cajón el sobre con los análisis.

Oscuro breve.

[6]

Continúan escuchándose las explosiones de los fuegos artificiales. Se ilumina tenuemente la zona central del proscenio, donde está ROGER, *un hombre mayor, de aspecto descuidado, sentado en una silla plegable. Como si todo el espacio hubiese dado un giro de ciento ochenta grados, el mar se encuentra ahora donde se ubican los espectadores y el rostro de* ROGER *se llena de colores con la explosión de cada nuevo ingenio pirotécnico.*

ROGER   (*Como abstraído.*) Una bomba. Y más que caerán. Me gustan las bombas, son como los fuegos de artificio. Le decía a Jaime el otro día, es mi primo, que mi madre me llevó a ver un castillo, durante las fiestas mayores del pueblo que hay cerca de la casa de la playa. Aún no había guerra, claro, pero Jaime dice que no es posible que me acuerde, porque yo era muy pequeño entonces, y mi madre se fue de viaje hace tiempo, y los recuerdos de cuando eres pequeño son todos muy confusos, y mezclas lo que de verdad ha pasado con lo que te gustaría que pasase. (*Pausa.*) Ahora no hay castillos, pero las bombas son también bonitas, aunque son solo de un color. (*En el foro, que durante esta escena ha permanecido a oscuras, se ilumina primero una ventana, después una puerta. La silueta de la casa se intuye, próxima, voluminosa, entre las tinieblas. Proveniente del foro aparece* RAMÓN. *Lleva una manta de viaje en las manos. Se acerca a* ROGER, *le pone la manta sobre las rodillas. El hombre reacciona, enfadado, rechaza la manta.*) ¿Qué haces? No quiero la manta.

RAMÓN   Está comenzando a refrescar.

ROGER   (*Protesta.*) ¡Tengo calor!

RAMÓN   Luego te pones enfermo y somos nosotros quienes tenemos que cuidar de ti.

ROGER   (*Lo mira atentamente. Con desconfianza.*) ¿Y tú, quién eres?

RAMÓN   Soy tu hijo.

ROGER   Yo no tengo ningún hijo. No me he casado aún. No tengo prisa. Soy joven. Casarse es llenarse la vida de complicaciones. Atarse a otra persona. Al principio, sí, muy bonito, todo son fiestas y alegrías. Pero pronto te cansas de ella y ella de ti. Y comienza el aburrimiento. Y soportarse. (*Se encoge de hombros.*) O no. (*Pausa. Confidencial.*) Dicen que tener que convivir con una persona que antes querías, pero ya no soportas, es el peor martirio.

RAMÓN   (*Paciente.*) ¿Y tú, cómo lo sabes, si dices que nunca te has casado?

ROGER   (*Lo mira, inquisitivo.*) He visto lo que pasa con las parejas que conozco. (*Con orgullo.*) Soy muy observador.

RAMÓN   (*Cambia.*) ¿De verdad que no te acuerdas de mamá?

ROGER   ¿Qué mamá?

RAMÓN   Mi madre. Tu mujer.

ROGER   (*Obstinado.*) Yo no tengo mujer.

RAMÓN   No, ya no. Murió hace muchos años.

         (ROGER *calla unos segundos. Nos damos cuenta de que hace esfuerzos por recordar, hasta que alguna lucecita parece encenderse en medio de la desolación de su cerebro. Vuelve a preguntar, pero afectando indiferencia.*)

ROGER   ¿Quién dices que murió?

RAMÓN   Mamá. Se llamaba Dolores.

ROGER   ¿Y yo la conocía?

RAMÓN   Estuvisteis casados muchos años.

ROGER   (*Después de una pausa. Fingiendo indiferencia.*) No creo. (*Pausa. Deja que* RAMÓN *le acabe de poner bien la manta sobre las piernas.*) ¿Y de qué murió, a ver?

RAMÓN   La atropelló un tranvía.

ROGER   ¡Malditos tranvías! ¡Tendrían que quitarlos todos! ¡Tendrían que arrancar las vías!

RAMÓN   Ya lo hicieron.

ROGER   (*Sorprendido.*) ¿Ah, sí?

RAMÓN   Solo que...

ROGER   ¿Qué?

RAMÓN   Que los han vuelto a poner otra vez.

ROGER   Eso es porque no arrancaron bien las vías. Si las hubiesen arrancado... Y los cables. ¡Hay que cortar también los cables, para que no les llegue la corriente! (*Pausa. Afectado.*) ¿De verdad que a tu madre la atropelló un tranvía?

RAMÓN   Sí.

ROGER   (*Se revuelve de nuevo.*) Bueno, mala suerte. ¿Y qué tengo yo que ver con ella? (*Pausa.*) ¿Y contigo? ¿Qué tengo yo que ver contigo, eh, vamos a ver?

RAMÓN   Ya te lo he dicho antes, soy tu hijo.

ROGER   (*Errático.*) Si algún día tuviéramos un hijo, me gustaría que se llamase Ramón.

RAMÓN   Yo me llamo Ramón.

ROGER   (*Como si no lo hubiese oído.*) Lola quería una
         niña, claro. Las mujeres siempre se ayudan
         unas a otras. Y quería que se llamase Julia.
         (*Pausa. Nostálgico.*) Como mi madre. (*Pausa.*)
         ¿Te he hablado alguna vez de mi madre?

RAMÓN   Sí. Y del día que te llevó a ver un castillo al
         pueblo de al lado, porque estaban en fiestas.

ROGER   (*Después de una pausa.*) Qué cosa tan rara es
         la memoria. Nos acordamos de cosas aparen-
         temente triviales y sin embargo no podemos
         recordar las más importantes. (*Pausa.*) Quizá
         es que las cosas que consideramos importan-
         tes no lo son tanto.

RAMÓN   (*Sonríe, con afecto.*) Y las triviales no son tan
         triviales como parecen.

         (*Entra* UNA, *viene también del foro, se les acerca.*)

UNA   (*Amable, profesional.*) ¿Va todo bien?

ROGER   (*La mira, con desconfianza.*) ¿Quién es esa
         chica?

RAMÓN   Una.

ROGER   (*Enfadado.*) Ya veo que es una, y no dos. ¡Sé
         contar!

RAMÓN	(*Sin poder evitar reír.*) Una es su nombre. Se llama así, papá.
ROGER	¿Una? ¿Y eso es un nombre? Qué cosa tan rara...
UNA	Mi padre era inglés.

(ROGER *se la queda mirando unos segundos. Luego se vuelve hacia* RAMÓN, *le habla, pero sin dejar de mirar a* LA MUCHACHA *por el rabillo del ojo.*)

ROGER	(*En voz baja.*) Es... negra[*].
RAMÓN	Sí.
ROGER	Pero... ¿qué hace una chica negra en mi casa?
RAMÓN	No grites.
UNA	(*Que lo ha oído. A* ROGER.) Señor Roger, soy su enfermera. Su hijo me ha contratado para que cuide de usted y le ayude en todo lo que necesite.
ROGER	La que me tendría que cuidar es Carlota.
RAMÓN	(*Divertido.*) ¿Carlota?

---

[*] La «negrura» de la actriz al asumir este personaje es un atributo exclusivamente verbal.

ROGER   (*Ignora a* RAMÓN. *A* LA MUCHACHA.) La mujer
             de mi hijo. Es su obligación. Pero, claro, ella
             es demasiado señora para ocuparse de un po-
             bre viejo enfermo... Y me obligan a dormir en
             la peor habitación de la casa.

RAMÓN   (*A* LA MUCHACHA, *justificándose.*) Tenemos que
             hacer una pequeña reforma, para prepararle
             una habitación nueva...

ROGER   (*A* LA MUCHACHA, *insistiendo.*) La peor de la
             casa... Él y su mujer.

RAMÓN   (*A su padre, molesto.*) ¿Pero no habíamos que-
             dado en que no sabías quién era yo? ¿Que no
             tenías ningún hijo? ¿Cómo resulta ahora que
             sabes hasta que estoy casado?

ROGER   Me ha vuelto la memoria, de repente. (*Bajan-
             do la voz.*) Cuando he visto que quieres aban-
             donarme en manos de una negra salvaje.

             (RAMÓN *mira preocupado a* UNA, *que finge no
             haber oído.*)

RAMÓN   (*Bajo, molesto.*) ¿Qué estás diciendo ahora?

ROGER   (*Bajo.*) Y seguro que ni siquiera habla catalán.

UNA   (*Que ya no puede contenerse.*) Claro que lo ha-
             blo. (*El castillo ha llegado a la apoteosis. Los
             rostros de los personajes reflejan las luces cam-
             biantes de los últimos fuegos de artificio.*) Mi

padre era inglés... Inglés de raza negra, había nacido en una isla del Caribe. Y mi madre, catalana. Se crió en la antigua Guinea Española, su padre tenía un negocio de madera, y ella nació allí, en los tiempos de la colonia. Mi padre, que se dedicaba a las prospecciones petrolíferas, y mi madre se conocieron en Santa Isabel, y el fruto de ese conocimiento soy yo. Todo un fenómeno: una negra, en un país de negros, hija de un negro que no era del país, y de una mujer, que había nacido en el país, pero era blanca. Y que habla, encima, catalán.

RAMÓN   (*Justificándose.*) Mi padre no quería molestarla, se lo aseguro...

(*Nadie sabe qué decir. Pausa. Se escuchan los dos truenos, secos y rotundos, con que se cierra el castillo.*)

ROGER   (*A La Muchacha.*) Bombas.

UNA   ¿Cómo?

ROGER   Han vuelto otra vez los aviones. Sueltan bombas sobre la ciudad. Lo hacen a menudo. (UNA *mira a* RAMÓN, *sin entender. El hombre se encoge de hombros, un poco cansado.*) Jaume dice que buscan sobre todo los depósitos de combustible del puerto. Y la fábrica del gas.

RAMÓN   (*Intenta cortarlo.*) Papá...

ROGER   (*A su aire, ignorándolo.*) Pero que no tienen muy buena puntería. Yo sí que la tengo. Cuando fuimos a la feria, con mamá y su amigo, tenía una casa muy grande cerca de la nuestra y una piscina enorme, me dejó disparar con el rifle de perdigones, él me aguantaba los brazos, me dijo: «Roger, venga, chico, no tiembles y apunta bien al mondadientes, si lo partes tenemos regalo seguro». (*Con añoranza.*) Y ganamos un paquete de caramelos y mamá se moría de risa. (*Triste.*) Pero Jaume dice que eso no sucedió nunca y que lo he soñado.

UNA   (*Tratando de acercarse a* ROGER.) Seguro que el que no dice la verdad es Jaume, y todo eso lo dice solo por fastidiar.

ROGER   (*Mira a* LA MUCHACHA, *contento.*) ¿A que sí?

RAMÓN   (*Racional, a* LA MUCHACHA.) Su madre, mi abuela, murió durante la guerra, muy joven. Él era muy pequeño, y se hicieron cargo unos parientes. La familia de ese tal Jaume del que habla.

UNA   ¿Y por qué no se fue con su padre?

RAMÓN   No tenía padre. Para ser más exactos, nunca se supo quién era su padre. Mi abuela siempre lo mantuvo en secreto. Según cuentan, era una mujer muy poco convencional. Para la época, quiero decir.

UNA   Seguro que hizo algo importante...

RAMÓN   Parece que lo único importante que hizo fue intentar vivir su vida tal como deseaba vivirla. Viajó mucho, creo que a África. Dicen que hasta sabía pilotar avionetas.

ROGER   El que sabía era papá.

RAMÓN   (*No tiene ganas de discutir.*) Lo que quieras.

ROGER   Mi papá conduce un gran ferrocarril con locomotora carenada y pintada de color rojo oscuro, que hace el trayecto de París a Estambul. Le gustaría venir a casa, para vernos, pero no puede. No puede porque nuestro ancho de vía es diferente y, si lo intentara, el convoy descarrilaría y morirían miles y miles de personas. (*A* LA MUCHACHA, *inquieto, dándose cuenta de la debilidad de sus argumentos y tratando de convencerla.*) Pero me ha enviado desde París un tren eléctrico, para que no me olvide de él, y la máquina es igual que la suya, y Jaume y yo montamos las vías por toda la casa, y yo soy París y él Estambul, pero muchos días no podemos jugar porque cortan la corriente por culpa de la guerra. (*Pausa. Triste.*) Me prometió que me enviaría unos cambios de vía, pero hace ya tiempo que no me llegan cartas suyas. (*Pausa. Grave.*) Desde que mamá se marchó de viaje.

Oscuro lento.

[7]

Cuando se encienden las luces, es media tarde. La disposición del espacio es la misma que en la escena cuarta: es decir, la casa se encuentra en la parte derecha, en primer término. De ella solo se ve un extremo del porche de entrada. El mar se supone que queda ahora en el lateral izquierdo. A la derecha, en la zona de sombras, Rosa, sentada ante una mesa sobre la que hay una máquina de coser portátil y concentrada en el trabajo.

Carlota   (*Voz en off.*) Las coincidencias también existen en la vida real. Cuesta aceptarlo, claro, pero es así y tengo pruebas de ello. Cuando mis padres compraron esta casa para pasar el verano —era a principios de la década de los sesenta, no hace falta que diga del siglo pasado porque es obvio, entonces los veranos aún constituían un período de tiempo lo bastante largo como para condicionar la vida de las familias—; cuando compraron la casa, digo, yo tenía diez o doce años, no me acuerdo ahora con exactitud; lo único, que me puse muy contenta. Enseguida hice amigos, en la ciudad tenía un montón, pero no era lo mismo, estaba el colegio y todo lo demás, mientras que con los amigos de verano nos pasábamos el día en el agua, y también nos gustaba ir al pinar en bicicleta, sobre todo cuando hacía demasiado calor en la playa, o cuando no hacía mucho, en el atardecer. Y luego de la casa compramos la barca, y cuando venía mi padre, solo los fines de semana, porque los demás días tenía que quedarse a trabajar en la ciudad, íbamos de excursión siguiendo la costa, él, yo y mis hermanos; mamá no, decía que se mareaba, pero yo creo que lo hacía porque las cosas entre ellos ya no marchaban bien... (ROSA *interrumpe un momento lo que está haciendo. Se lleva la mano al vientre, tensa el gesto.*) y también porque se había empezado a encontrar enferma, de la enfermedad que acabaría con ella a los pocos meses. Pero nos lo ocultó a todos... (*La mujer parece rehacerse un poco. Vuelve a poner en movimiento la máquina de coser.*) sobre todo a papá, que por entonces estaba liado con la chica aquella de la casa grande, la que era arquitecto, y yo creo que mamá lo sabía, pero nunca quiso echárselo en cara, un día me confesó que le daba vergüenza no haber tenido estudios. Cuando papá se quiso dar cuenta de la enfermedad de mamá, era ya muy tarde. Los pocos meses que la sobrevivió, ya no volvió a levantar cabeza y todos comprendimos que era porque se sentía culpable.

(LAURA *sale del agua, como al inicio de la obra y, como entonces, cubierta con un exiguo biquini. ROSA, sorprendida, interrumpe lo que está haciendo, se la queda mirando.* Laura *se escurre los cabellos con las manos. Ve a* Rosa, *que continúa observándola. Tiembla un poco: tiene frío.*)

LAURA   (*Amable, pero distante.*) Buenas tardes.

ROSA   Buenas tardes.

LAURA   Me gusta mucho nadar, pero a veces me desoriento un poco.

ROSA   ¿Dónde iba?

LAURA   A ningún sitio. Nado por nadar. Pero cuando me entusiasmo, me olvido de que después he de volver. Hasta que me canso, y tengo que salir.

ROSA   Claro. ¿Viene de muy lejos?

LAURA   No, qué va. Lo que pasa es que nado mar adentro, y al volver la corriente me desvía.

ROSA   Comprendo. (*Pausa.*) A mí no me gusta nadar. No lo hago demasiado bien. (*Ríe, un poco infantil.*) Si sé que no toco fondo con los pies me entra el pánico, y me hundo. Como una piedra.

LAURA   Hay que mentalizarse.

ROSA   Claro.

(*Pausa.* LAURA *tiembla con más intensidad.*)

LAURA   Perdone... ¿No tendría usted una toalla?

ROSA   (*Sorprendida.*) ¿Una toalla?

LAURA   (*Se justifica.*) Vivo cerca de aquí. Pero el sol está ya muy bajo y hace un poco de frío...

ROSA   Así que vive aquí cerca.

LAURA   En la casa que hay al lado de la parada del tranvía.

ROSA   La casa grande... Entonces, somos vecinas, como quien dice.

LAURA   ¿Vecinas?

ROSA   Entre su casa y la nuestra no hay nada. Solo esta playa.

LAURA   Si quiere verlo así...

ROSA   No me he presentado, perdone. Me llamo Rosa.

LAURA   Ya. (*Corrigiéndose.*) Quiero decir...

ROSA   (*Rápida. La mira, con interés.*) ¿Ya lo sabía...?

LAURA   Se lo habré oído decir a alguien.

ROSA   (*Continúa mirándola, como si quisiera escrutar su rostro.*) Entonces, usted tiene que ser Laura...

LAURA   ¿Cómo?

ROSA   (*Ríe, con algo de simpleza.*) Yo también tengo mis fuentes de información...

LAURA   (*Alerta.*) ¿Qué fuentes?

ROSA   El supermercado de la plaza...

LAURA   Ya. Perdone, pero me estoy congelando. ¿No tiene, por favor, una toalla? Le prometo que se la devolveré mañana mismo. Lavada y planchada.

ROSA   (*Reacciona.*) ¡Una toalla, claro! ¡Seré tonta!

     (ROSA *se levanta y desaparece, rápida, por el lateral derecho.* LAURA *se frota los brazos para entrar en calor. Se acerca a la mesa y observa, sin demasiado interés, el trabajo que estaba haciendo.* ROSA *vuelve a entrar, con una toalla entre las manos. Se la da.*)

LAURA   Gracias.

     (LA MUCHACHA *se seca el cuerpo, se envuelve con la toalla.*)

ROSA   (*Por la labor de la máquina de coser, que* LAU-RA *estaba mirando.*) Me gusta bordar. Ahora, con máquina, resulta más fácil. ¿Le interesan los trabajos de aguja?

LAURA   Lo siento, no mucho.

ROSA   Comprendo. Esas cosas suenan como a otra época.

LAURA   No, no es eso, es que... No me enseñaron, de pequeña. (*Ríe.*) La verdad, no sé hacer ninguna de las cosas que se supone que tiene que hacer una muchacha como dios manda. No sé cocinar, ni coser… Soy un desastre con las cosas de casa…

ROSA   Aún es muy joven. Debe tener unos pocos años más que mi hija la mayor, pero no demasiados.

LAURA   ¿Estudia?

ROSA   Ha repetido el preu. No es muy buena con los libros. Pero su padre insistió tanto. Quiere que vaya a la universidad.

LAURA   Hace bien...

ROSA   Pero estudiar una carrera... Un día conocerá a un chico y se querrá casar. ¿Para que le habrán servido tantos esfuerzos? (LAURA *parece*

65

que va a contestar, pero ROSA *continúa hablando.*) Estaba pensando que quizá sería mejor que le dejara algo de ropa. Mía no, claro, no tenemos la misma talla. De mi hija. Por si no quiere volver a su casa cubierta solo con una toalla.

LAURA   No me importa.

ROSA   Le traigo ropa, no es ninguna molestia, ya le digo.

LAURA   Tengo bastante con la toalla, gracias.

ROSA   (*Como si quisiera prolongar la conversación.*) Así que somos vecinas.

LAURA   En cierto modo.

ROSA   Quiero decir que aunque nos separa una buena caminata por la arena, su casa y la nuestra son las más próximas en esta parte de la playa.

LAURA   Sí.

ROSA   Y no nos habíamos visto antes. Es curioso.

LAURA   Mi familia hace poco que compró la casa.

ROSA   «El Refugio».

LAURA   Sí. Un nombre un poco contradictorio.

ROSA   ¿Contradictorio?

LAURA   El nombre de algo muy pequeño para una casa
            demasiado grande.

ROSA   Estuvo cerrada muchos años. Dicen que desde
            la guerra. Era de una familia con dinero, pero
            parece que él no quiso pasar a la otra zona. El
            caso es que cuando acabó la guerra se fue del
            país. Dicen que tenía negocios en África, no sé.

LAURA   Eso es el que se cuenta. Resulta un poco no-
            velesco, ¿no? Como la propia casa.

ROSA   Pero es una buena inversión. Eso dice Enric.
            Enric es mi marido. (*Pausa.*) Estuvimos du-
            dando mucho, pero al final, nosotros también
            compramos una casa en la playa. Esta. Hace
            ya algunos años. Por los niños, claro. Necesi-
            tan un sitio donde puedan respirar, en verano.

LAURA   Es bonita.

ROSA   Pero no se puede comparar con la suya. Aun-
            que habrán tenido que invertir mucho en la
            reforma, porque dicen que estaba muy dete-
            riorada.

LAURA   La hemos cambiado de arriba a abajo.

ROSA   ¿De verdad? Les compadezco. Las obras me
            aterran. Se sabe cuándo entran en su casa los
            albañiles, pero nunca cuándo se irán.

LAURA   En nuestro caso no fue tan terrible. Tenemos un arquitecto en la familia.

(*Sin que ni* ROSA *ni* LAURA *se den cuenta, ha aparecido* ENRIC *por el extremo contrario de la escena, vestido de ciudad y con un portafolios en la mano. Se las queda mirando un momento, en silencio.*)

ROSA   ¿Un arquitecto? De modo que su padre...

LAURA   Se equivoca. Mi padre se dedica al negocio de la madera. La arquitecto soy yo.

ENRIC   (*Se acerca a* ROSA.) Hola. He tenido un problema con el coche, y he tenido que dejarlo en el taller. He estado a punto de quedarme en la ciudad y de no venir este fin de semana, pero le había prometido a Carlota que saldríamos mañana a navegar. (*Por* LAURA, *a su mujer, forzando la sonrisa.*) ¿Qué haces que no nos presentas?
(LAURA *y* ENRIC *se miran, falsamente cordiales.* ROSA *los observa, un poco inquieta; se obliga también a sonreír.*)

Oscuro.

[8]

Cuando se encienden las luces, la situación es la misma de la escena segunda: a la orilla del mar, la duna, la casa al fondo, a la derecha, y LLUÍS, *en primer término, sentado sobre su maleta. Tiene un sobre en la mano. Lo mira, inquieto.*

LLUÍS   (*Al público.*) Un terrible dilema. Consecuencia de mi falta de carácter. Tendría que haber dicho «lo siento», tendría que haberme negado, tendría que haberle explicado que lo que me pedía no forma parte de las obligaciones atribuibles a un profesor de mecanografía. Pero no he dicho nada. He aceptado la responsabilidad. Entregar o no entregar la carta, esa es la cuestión. (*Pausa. Agacha la cabeza.*) ¡Si por lo menos no supiera lo que dice! Estoy avergonzado. El sobre estaba abierto, ya sé que eso no me justifica. Pero cuando he querido guardarme la carta en el bolsillo, el papel que había dentro ha caído al suelo. Y, cuando lo he recogido, no he podido evitar leerlo. (*Suspira. Se mira las manos.*) Las manos están perdiendo flexibilidad, y eso es algo terrible en un profesor de mecanografía. (*Pausa. Reflexivo.*) Tendré que disminuir el número de clases por semana. Lo más razonable sería que dejara aquellas que me obligan a desplazarme demasiado lejos. Como esta. ¡Pero eso es lo mismo que permitir que se desaproveche un talento tan grande! Aunque... (*Mira nuevamente el sobre.*) se desaprovechará igualmente si le doy la carta. (*Sobre el cielo representado en el telón del fondo aparecen, letra a letra, y como tecleadas en una máquina de escribir antigua, las primeras líneas del texto de la carta.*) «Perdóname mi osadía al enviarte esta nota; pero si no lo hago no podré dejar de pensar a lo largo de todos los días de mi vida que he perdido la oportunidad de ser feliz y de hacer feliz a otra persona».

(*Casi a la vez comenzamos a escuchar este texto, en off, en la voz de* CARLOTA, *primero lejana y luego acercándose poco a poco.*)

CARLOTA   (*Voz en off.*) «Perdóname mi osadía al enviarte esta nota; pero si no lo hago no podré dejar de pensar a lo largo de todos los días de mi vida que he perdido la oportunidad de ser feliz y de hacer feliz a otra persona».

RAMÓN   (*Voz en off.*) Es evidente que le gustaba la retórica.

LLUÍS   (*Mira la carta, sin decidirse.*) Quizá sería mejor que me olvidara.

CARLOTA   (*Voz en off.*) «No hacerlo resultaría seguramente ilógico».

(*Entran por el lateral contrario* RAMÓN *y* CAR-
LOTA. *Vienen paseando por la orilla del mar.*
CARLOTA *lleva en la mano unos papeles viejos
y arrugados, lee uno de ellos en voz alta. Son
los mismos papeles que, silenciosamente y mo-
viendo los labios de una manera un poco exa-
gerada, ha comenzado a leer, al lado opuesto de
la escena, y en un tiempo diferente, el profesor
de mecanografía.*)

RAMÓN   Es sorprendente la invocación a la lógica en
un asunto que, como todos los que depen-
den de los sentimientos, se caracteriza por
su arbitrariedad.

CARLOTA   (*Un poco molesta.*) ¿Puedo continuar?

RAMÓN   (*Sonríe.*) Será un placer.

CARLOTA   (*Vuelve a la lectura.*) «No hacerlo resultaría
seguramente ilógico». (RAMÓN *se agacha, coge
una piedra plana y la lanza contra el agua de
forma que rebote sobre la superficie. La mira
alejarse con satisfacción, mientras* CARLOTA
continúa leyendo.) «Y si lo más razonable en
este caso es comportarse de modo irracional,
estoy dispuesto a asumir todas las consecuencias. Sé que eres muy joven, y debo informarte
de que he estado casado, aunque no tengo
en este momento compromiso sentimental
de ninguna clase. Intuyo que tú tampoco eres
una persona demasiado convencional. Cuando te vi y supe que éramos vecinos, no tuve

ya ninguna duda: nuestros destinos podrían cruzarse tan solo con que los empujáramos un poco. Me harías muy feliz si vinieses esta noche a ver los fuegos artificiales a «El Refugio». La puerta permanecerá abierta para ti y nadie te hará preguntas. Si no vienes, entenderé que mi intuición estaba equivocada y te aseguro que no te molestaré más. Pero si vienes, te prometo que iniciaremos juntos el más maravilloso y fascinante viaje que hayas podido nunca imaginar: iremos de las fuentes del Nilo a las arenas calcinadas del Sáhara; de las minas de diamantes de Transvaal a la desolación de la isla Juan Fernández; del palco imperial de la ópera de Manaos a la helada planicie de la Antártida, y acariciaremos las nubes en un globo aerostático y escribiremos tu nombre en las alas de un aeroplano biplaza». (RAMÓN *rezonga, entre impresionado y divertido por la enumeración hiperbólica* («oh, oh, oh». LLUÍS, *mientras tanto, ha sacado un pañuelo del bolsillo y se enjuga el sudor, sin dejar de leer.*) «...con el cual perseguiremos los rebaños de jirafas que bajan a abrevar a las riberas de los grandes ríos africanos. Solo serás joven una vez, y me haría muy feliz que lo fueses conmigo, y que me dejases recuperar a tu lado, aunque solo fuera por un momento, la ilusión de tener aún ante mí una vida que valga la pena ser vivida».

(*Pausa.*)

RAMÓN   ¿Y?

CARLOTA   No hay nada más. La carta acaba aquí.

            (LLUÍS *continúa mirando la carta unos segundos. Después la dobla lentamente y la vuelve a meter en el sobre. Se queda inmóvil, pensativo.*)

RAMÓN   Espectacular.

CARLOTA   Deja de exhibir adjetivos. ¡Si al menos fueran originales!

RAMÓN   Tú eres la que vive de enumerarlos. Yo solo los empleo para tareas inferiores.

CARLOTA   ¿Como cuáles?

RAMÓN   Pasar el tiempo. Vengarme.

CARLOTA   ¿Vengarte de mí?

RAMÓN   (*Se encoge de hombros.*) Del universo. (CARLOTA *está a punto de decir algo, pero se contiene en el último momento.* RAMÓN *se da cuenta. Ríe.*) ¡Ibas a largar un maldito adjetivo! (*Finge estar horrorizado.*) ¡Tú! (*Cómplice.*) ¿Puedo saber cuál era?

CARLOTA   (*Duda un momento. Después lo suelta.*) Estupefaciente.

RAMÓN	Imposible. Nadie con un poco de sentido común lo usaría. Y tiene un sentido equívoco.
CARLOTA	(*Lo acepta.*) Tienes razón. Los que me venían a la boca eran demasiado corrientes. Y tampoco quería que me acusaras de reiterativa.
RAMÓN	Más bien obsesiva. A fuerza de reiteraciones, claro.

(*Los dos ríen un poco, sin demasiado entusiasmo.* LLUÍS, *sentado sobre su maleta, continúa mirando la carta con rostro dubitativo.*)

LLUÍS	(*Al público.*) Si yo fuera su padre, le diría: no vayas. Pero estoy seguro de que irá.

(*De repente suena el teléfono móvil de* CARLOTA. *La mujer lo saca del bolsillo, lo conecta.*)

CARLOTA	(*Al teléfono.*) ¿Sí?

(LLUÍS, *que no la puede oír, continúa con su monólogo, sin pausa. En segundo término, escucharemos, de cuando en cuando, palabras aisladas de la conversación telefónica de* CARLOTA —*«¿mañana?», «pero vamos con retraso», «sí», «comprendo»*—. RAMÓN *mira el mar, mientras su mujer habla.*)

LLUÍS	Y es probable, más que probable, es casi seguro, que eche a perder su vida por culpa de una decisión precipitada. Y digo eso esforzándome

por ser objetivo, sin que primen otras consideraciones que las estrictamente pedagógicas. Se trata de una muchacha especialmente dotada para el arte mecanográfico, y no es ninguna afirmación gratuita: aun fracasado como esposo y como padre, me avalan muchos años de enseñanza. Aunque algunos de sus trabajos, sobre todo los de libre composición, me asustan un poco. Pero, claro, las actitudes radicales se han de adoptar cuando se es joven. Porque este país, nuestra sociedad, no está preparado para que las mujeres, y menos aún una mujer tan joven, ¡si es casi una niña!, tan atractiva, provocadora incluso, se manifiesten y se comporten con tanta independencia. Haría falta una revolución, una guerra, para que las cosas cambiasen... No, decididamente, creo que será mejor que no le dé la carta.

(LLUÍS *se queda nuevamente en silencio. Pero notamos cómo su inquietud aumenta. En el lado contrario de la escena,* CARLOTA *acaba la conversación telefónica.*)

CARLOTA   Haga un esfuerzo. (*Desconecta el teléfono y se lo guarda. A* RAMÓN.) El constructor. Que mañana solo podrá enviar un albañil.

RAMÓN   Cuando acaben la ampliación de la habitación de mi padre, seguro que no la necesita ya.

CARLOTA   De todos modos, es una habitación que no se gasta.

RAMÓN   (*Por los papeles.*) ¿Y dices que eso estaba en los armarios empotrados?

CARLOTA   Al forzar el cerrojo encontré una carpeta, algunos papeles. Libretas escolares, un par de fotos desvaídas. Y un rompecabezas; que se ha quedado la enfermera, dice que pasa muchas noches en vela y se aburre. Ah, y también había una especie de pequeño ensayo, un poco sorprendente, si piensas en la época...

RAMÓN   ¿Un ensayo? ¿Sobre qué?

CARLOTA   Sobre vosotros, los hombres.

RAMÓN   ¡No lo dirás en serio!

   (*A* Lluís *se le ve cada vez más nervioso. Sin decidirse a guardar la carta, se quita las gafas, las limpia con el pañuelo, vuelve a secarse el sudor de la frente.*)

CARLOTA   Son cuatro ideas muy tópicas, pero resultan divertidas. Supongo que lo habría copiado de algún libro y lo escondería para que no lo leyesen sus padres.

RAMÓN   ¿Y quién es el autor de ese prodigio?

CARLOTA   Una chica. Parece que vivió también en esta
               casa.

RAMÓN   ¡En esta casa! Fascinante. ¿Cómo se llamaba?

CARLOTA   No lo sé. No lo pone en ningún sitio. Ah, y
               también hay ejercicios, muchos ejercicios, de
               aquellos que se hacían para aprender a escri-
               bir a máquina.

RAMÓN   Resulta que era una chica muy aplicada.

CARLOTA   Es curioso, no había visto esta clase de ejer-
               cicios desde que era pequeña.

RAMÓN   ¡No me digas que también fuiste a una acade-
               mia de mecanografía!

CARLOTA   No, yo no, claro. Pero mi abuelo, el padre de
               mi madre, se dedicó durante mucho tiempo a
               enseñar a escribir a máquina.

               (*El nerviosismo de* LLUÍS *aumenta. Saca del bol-
               sillo una pequeña petaca de licor, y bebe un sor-
               bo, después de mirar a su alrededor, un poco
               avergonzado. Después, se guarda la petaca en
               el bolsillo.*)

RAMÓN   No me has hablado nunca de él.

CARLOTA   Es que sé muy poco. No lo llegué a conocer.
               Mi madre tampoco demasiado, los abuelos
               se separaron durante la República, creo; mi

madre se crió con la abuela, y el abuelo Lluís murió cuando ella era todavía una niña. Lo único que mi madre guardaba de él era un método de mecanografía, un libro que a mí me resultaba, no sé por qué, muy atractivo, lo cogía para jugar que les daba clase a mis hermanos...

RAMÓN   Me muero de ganas de ver las fotos.

CARLOTA   No son muy buenas. Una muchachita de una edad difícil de determinar y un hombre mayor que ella. Muy guapo. Una es en una feria. El hombre está probando su puntería con un rifle y ríe. Ella, a su lado, él no la puede ver, está seria, parece preocupada.

RAMÓN   Se puede construir una buena historia con eso. ¿De qué época estamos hablando exactamente?

CARLOTA   Los ejercicios de mecanografía estan todos perfectamente fechados: comienzan el 16 de julio de 1929. Y se interrumpen bruscamente el 14 de agosto de ese mismo año. Este es el último ejercicio. (*Le muestra un papel.*) Supongo que se cansaría.

             (RAMÓN *estudia el papel, con interés. Por el lateral en que está* LLUÍS *sentado sobre la maleta aparece* JULIA, *empujando una bicicleta.*)

JULIA   ¿Qué hace aquí? ¿Por qué no ha ido a casa?

LLUÍS   (*Incómodo, tratando de esconder la carta.*)
         Pues... Yo...

JULIA   Mis padres no están, pero podía haberme es-
         perado en el porche.

LLUÍS   (*Nervioso, incongruente.*) Se me había metido
         arena en los zapatos.

         (JULIA *mira los zapatos de* LLUÍS *que los tiene
         puestos, se da cuenta de su nerviosismo, pero no
         dice nada.*)

JULIA   Hoy me gustaría acabar pronto.

LLUÍS   (*Molesto.*) La regularidad es muy importante
         en cualquier proceso de aprendizaje, si me
         permite que se lo diga...

JULIA   (*Seca.*) Perdone, pero no es usted mi padre.
         (*La última frase de* JULIA *incomoda a* LLUÍS, *que
         crispa el gesto, pero no dice nada.* LA MUCHA-
         CHA *se da cuenta. Intenta justificarse.*) Mañana
         son las fiestas del pueblo. Hay un castillo de
         fuegos artificiales.

         (LLUÍS *se levanta, coge la maleta, se dispone a
         seguirla.*)

LLUÍS   Como mañana no habrá clase, y hoy no quie-
         re que nos pasemos de hora, conviene que
         trabajemos la digitación a fondo.

JULIA   Intentaré esforzarme, pero no le prometo nada. (*Se escucha un tranvía que se acerca.* Julia *se detiene. Observa al hombre con interés.*) ¿Qué pasa? ¿Por qué me mira así?

            (*Aumenta el estruendo del tranvía.*)

LLUÍS   (*Nervioso.*) No. Por nada.

            (Lluís *y* Julia *van hacia el lateral; salen.* Carlota *se agacha, coge una piedra plana y, como antes hizo* Ramón, *la lanza contra el agua para que rebote sobre la superficie. La mira alejarse, satisfecha.* Ramón *ha dejado de leer y observa a* Carlota *con sorpresa.*)

            Oscuro.

[9]

Cuando se reanuda la acción la disposición del espacio es similar a la de la escena cinco: el mar se encuentra al fondo, y la casa se supone que está en el lugar de los espectadores. Atardece. CARLOTA ocupa la misma butaca de mimbre que cuando interpretaba el personaje de ROSA, su madre. Tiene un ordenador portátil sobre las rodillas. RAMÓN está retirando el motor fuera borda de una zódiac que hay al fondo, a la izquierda, varada en la arena. En la proa de la zódiac puede leerse un nombre: «Carlota». Al iniciarse la acción, la mujer está inmóvil, mirando reflexivamente la pantalla del ordenador. Tras unos segundos, saca del bolso un paquete de tabaco y enciende un cigarro. Comienza a leer.

CARLOTA   (*Al espectador.*) «Querida Agnés: gracias por escribirme de vez en cuando. Tus cartas me animan mucho, sobre todo por lo que tienen de ir contra corriente: nadie escribe ya cartas y tú yo nos aferramos, en plena era del correo electrónico y los teléfonos móviles, a esta forma de contacto absolutamente caduca. Ya se ha establecido en casa el padre de Ramón. Espero que no sea de manera definitiva: aun así, las perspectivas de futuro a largo plazo no son demasiado halagüeñas. Pero no te descubro nada que tú no conozcas por experiencia propia: convivir con tu madre tampoco fue precisamente un paseo por el parque. A veces me pregunto qué pasará con nosotros, con Ramón y conmigo, cuando lleguemos a su edad, si es que llegamos. ¿Quién cuidará de nosotros? Soportar a un viejo, aunque sea tu padre, es siempre fastidioso. Tú aún tienes a Mireia y su Carnet Joven, ¿dónde nos podrían expedir uno a nosotras? No me refiero solo a *volver a tener* su edad. Me refiero, sobre todo, a *volver a sentir* lo que ellos sienten. Pero Ramón y yo no hemos tenido hijos. ¿Quién nos aguantará, cuando seamos viejos?».

(*La mujer, tras una pausa, se pone a escribir en el ordenador.*)

RAMÓN   (*Al público.*) Odio este sitio. Odio el mar. Detesto la mecánica. Mi mujer me aburre. ¿Qué hago aquí? Me digo que no tiene sentido continuar. Y a pesar de todo continúo. Me había prometido a mí mismo que este verano sería el último. Con el pretexto de un viaje de trabajo, planeaba, me marcharía de casa con algo más de equipaje del habitual, el ordenador, y tres o cuatro libros. Ya lejos, le telefonearía: lo lamento, no lo soporto más. La casa, nuestra relación, he perdido las ganas de continuar contigo, no quiero envejecer a tu lado. (*Pausa. Amargo.*) No quiero envejecer.

(CARLOTA *alza la vista de la pantalla del orde-*
nador. Se queda mirando al hombre.)

CARLOTA   ¿Encuentras lo que no funciona?

RAMÓN   (*Natural.*) Sí. (*Pausa.*) Todo.

CARLOTA   ¿Todo?

RAMÓN   Quiero decir que todo va bastante mal. O que
             todo va aceptablemente bien, según lo mires.

CARLOTA   Te gusta hablar con enigmas.

RAMÓN   No me hagas caso. Nada va tan mal como para
             que deje de funcionar del todo, ni va tan bien
             como para que podamos sentirnos orgullosos.

CARLOTA   En resumen...

RAMÓN   Los años también pasan para los motores. Se
             cansan. Como las personas.

CARLOTA   ¿Pero lo podrás arreglar?

RAMÓN   Podré hacer que aguante un poco más. Como
             todo. Pero tenemos que aceptar que su ciclo
             se acaba.

CARLOTA   Estoy segura de que harás el milagro.

RAMÓN   Los milagros no existen, lo sabes muy bien.

CARLOTA   Siempre serás un derrotista.

(CARLOTA *sonríe, se encoge de hombros y vuelve a escribir.*)

RAMÓN   (*Al público.*) Y me decía a mí mismo que tenía que huir de esta playa, de la casa de verano, de los veranos compartidos, de la vida compartida y sin perspectiva, donde nada está bien, pero la costumbre impide que nada se cuestione, de las competiciones permanentes de sarcasmo, los dos buscando la frase más brillante para imponerse al otro, de las reconciliaciones forzadas y los actos de amor cada vez más gratuitos; tenía que hacerlo, sí, tenía que huir, lo cual no significa, honestamente, que al final, a la hora de pasar de la teoría a la práctica, me hubiese atrevido a hacerlo. Pero, al menos, era una posibilidad que ya no me negaba, por sistema, a considerar. Aunque una voz, en mi interior, me repetía de cuando en cuando: los actos heroicos tienen también su tiempo. Cuando se va cuesta abajo, en la vida, quiero decir, lo que en otras condiciones habría resultado digno de admiración ahora se convierte en ridículo. Total, si hemos aguantado, si nos hemos aguantado nosotros mismos, tantos años, ¿por qué no seguir aguantando hasta el final? A fin de cuentas, no falta tanto. Quizá la voz tenía razón. Así que abandoné estos pensamientos, quizá el esfuerzo me pareció muy grande, acabé resignándome.

(*Entra* UNA, *por el primer término de la izquierda. Va directamente hacia* RAMÓN.)

UNA   Se ha dormido.

RAMÓN   Dios sea loado.

UNA   Solo hay que tener un poco de paciencia.

RAMÓN   Le agradezco el esfuerzo.

UNA   Es mi trabajo. (*Pausa. Por la zódiac.*) ¿Qué está haciendo?

RAMÓN   Desordenando los componentes de un motor para que en el taller no tengan mala conciencia cuando les pida que lo arreglen.

(*Ríe.*)

UNA   Tiene usted un sentido del humor muy peculiar.

RAMÓN   Autopunitivo.

UNA   ¿Cómo?

RAMÓN   Masoquista. Por lo menos, eso es lo que dice mi mujer.

UNA   Tan diferente de su padre.

RAMÓN   ¿Diferente?

UNA   Sí. Él es... No sé cómo decirlo... Más...

RAMÓN   ¿Imaginativo?

UNA   (*Incómoda.*) Oh, no... Yo no quería decir eso.

RAMÓN   No, si está bien: él es imaginativo, yo realista. Por eso yo estoy mejor dotado que él para la sátira.

UNA   (*Que cree que vuelve a pisar terreno firme.*) Y su padre, para la poesía. (*El hombre se la queda mirando, con un cierto aire sarcástico.* LA MUCHACHA *se tensa de nuevo.*) Lo que quiero decir es que hace unas descripciones tan coloristas...

RAMÓN   (*Como si lo que dice* LA MUCHACHA *le divirtiera.*) Poeta... ¡Mi padre...! (*Pausa. Con un punto de crueldad.*) ¿Quiere saber cuál era la poesía de mi padre? ¿Quiere saber, de verdad, a qué se dedicaba?

UNA   Yo...

RAMÓN   Era policía. Durante el franquismo. Estuvo destinado a la Brigada Político-Social. Dicen que era muy bueno en los interrogatorios. Tenía una especial debilidad por las mujeres jóvenes. Sobre todo las profesionales: abogadas, médicos, profesoras...

UNA   (*Muy tensa.*) Lo siento... No lo sabía...

RAMÓN   A su viejo poeta no le gustaba que las mujeres trabajasen. Al llegar la democracia lo relegaron a un despacho. Tareas administrativas, hasta que lo jubilaron anticipadamente. Pero nadie le exigió responsabilidades.

UNA   Perdone... Yo...

RAMÓN   ¿Impresionada? (UNA *no contesta. Cubriéndose la boca con la mano, para ahogar un gemido, sale rápidamente de escena por el primer término izquierda.* RAMÓN *la ve marchar, sorprendido.*) ¿Qué le pasa? ¿Se encuentra bien?

(*Duda si debe ir tras ella. Después de una pausa, se encoge de hombros, vuelve a su trabajo con el motor.* CARLOTA *deja de escribir en el ordenador. Tras una pausa, lee.*)

CARLOTA   (*Al espectador.*) «Sin embargo, y más allá de las miserias de la condición humana, hay una parte novelesca en toda esta historia, que el hecho de que el padre de Ramón se haya instalado en nuestra casa ha reavivado, y que me estoy planteando muy seriamente utilizar. Es una anécdota insignificante, pero creo que se le podría sacar partido dramático: «Coincidencias y perplejidades», sería un buen título. Me explico: cuando conocí a Ramón no tenía ni la más mínima idea de que su padre había nacido en la misma casa donde yo había pasado los veranos de niña y de adolescente, y donde, una vez llegado a un acuerdo económico con mis hermanos, porque la casa formaba parte de la herencia familiar, me iba a instalar durante un tiempo. Recuerdo la cara de sorpresa que puso Ramón la primera vez que vino aquí. Imagínate también la mía cuando me confesó que, cuando acompañaba a su padre, durante los veranos, a esta playa, él le enseñaba la casa desde lejos y le decía que había vivido aquí, de niño, y le contaba un montón de historias fantásticas sobre su madre, a la cual casi no conoció, y sobre «El Refugio», la mansión que había al lado de la parada del tranvía, mejor dicho: *que hay* al lado de la parada del tranvía, porque, treinta años después, han vuelto a poner las vías y los cables y acaban de restablecer el servicio, ahora, la casa grande, la han convertido, signo de los tiempos, en un edificio de apartamentos. Ramón piensa, y yo con él, que la mayor parte de estas historias son inventadas, una fantasía típica de muchos niños que crecen sin padres».

(*Entra* Roger, *por el primer término izquierda. Mira de reojo a* Carlota, *que vuelve a escribir en el ordenador. Los dos se ignoran. Se acerca, como quien no quiere la cosa, donde* Ramón *continúa trabajando con el motor de la zódiac.*)

RAMÓN   ¿Qué haces ahí?

ROGER   Llora.

RAMÓN   ¿Quién llora?

ROGER   La negra.

RAMÓN   ¿Le has preguntado qué le pasa?

ROGER   Nadie nos ha presentado. No me gusta tomarme confianzas.

RAMÓN   ¿Te ha dicho algo?

ROGER   No la entiendo.

RAMÓN   ¿Qué te ha dicho?

ROGER   Hablaba de su madre. Y creo que me mira mal. No sé qué coño tengo yo que ver con su madre. No he tratado nunca con negras.

RAMÓN   Su madre no es negra.

ROGER   Eso dice ella.

RAMÓN   Se ha puesto así cuando le he dicho a qué te dedicabas.

ROGER   (*Digno.*) A guardar el orden en la sociedad. A impedir que lo que tenemos nos lo robe la gente como ella... O como su madre.

RAMÓN   Has dicho que no la conocías.

ROGER   No me hace falta. Será como todas. Una puta.

RAMÓN   No te permito...

ROGER   Exceptuando a mi madre, claro. Mi madre era
             una santa.

             (RAMÓN *mueve la cabeza, enfadado, sobrepasa-*
             do, mira con rencor a su mujer que continúa es-
             cribiendo, ausente. Después deja el motor y sale
             apresuradamente por el primer término izquier-
             da. ROGER *lo ve marchar pero no le presta mucha*
             atención. Es la zódiac lo que atrae su interés. La
             mira, se esfuerza por recordar algo. CARLOTA *deja*
             de escribir. Después de una pausa, lee.)

CARLOTA   (*Al espectador.*) «Una coincidencia, lo de la
             casa y el padre de Ramón. Seguramente en-
             contraríamos alguna más, pero es mejor no
             abusar. Cuando te pasas la vida inventando
             historias, procurando ligar bien todos los ca-
             bos, tienes que hacer un gran esfuerzo para
             impedir que el azar se cuele por la puerta falsa
             más de lo aconsejable. A Edipo le permitimos
             todas las casualidades, y son muchas, porque
             es un personaje de tragedia, y todo el mundo
             sabe que la tragedia se la inventaron los escri-
             tores para justificar un cúmulo de coinciden-
             cias decididamente injustificable».

             (CARLOTA *vuelve a escribir.* ROGER *continúa mi-*
             rando la zódiac. Habla como para él, concentra-
             do, interpreta dos personajes.)

ROGER   ¿Al pantano? ¿Estás seguro? ¿No sería mejor eliminar las huellas digitales con ácido y enterrarlo? Como hemos hecho otras veces. Y dice el otro: mucho riesgo. El pantano es más seguro. Si algún día aparece, todos pensarán que se ahogó: un accidente. (*Pausa.*) ¿Tú crees? Se nos ha ido un poco la mano. Y dice el otro: parecerá que se golpeó contra las piedras del fondo. Pobre diablo. Si no nos hubiesen pasado su nombre, aún viviría. (*Pausa.*) ¿Y qué diremos cuando la mujer pregunte? Y dice el otro: la verdad. Que salió de aquí el jueves. Y que ya no lo hemos vuelto a ver. Y digo yo: qué lástima, no poder retenerla más tiempo. Me ponía caliente, la muy puta.

(*La mujer deja de escribir en el ordenador y vuelve a leer.*)

CARLOTA   (*Al espectador.*) «Pero el caso es que el azar existe, y últimamente me he descubierto preguntándome hasta qué punto guía nuestras vidas, o si, por el contrario y como pensaban los griegos, muchos de los acontecimientos que consideramos fruto exclusivo de la casualidad no son sino consecuencia de un plan minuciosamente urdido por el destino para conseguir unos objetivos que a nosotros, pobres mortales, no se nos permite de ningún modo averiguar». (ROGER *comprueba que la zódiac, pese a no tener puesto el motor, sí que tiene remos, y comienza a arrastrarla hacia el segundo término izquierda, hasta que desaparece con ella por el lateral.* Carlota *ha continuado su lectura, sin darse cuenta.*) «Porque a menudo no son las grandes elecciones, las que hacemos a conciencia cuando nos hallamos enfrentados a un importante dilema, las que provocan en nuestras vidas los cambios más transcendentales. Son aquellas aparentemente intranscendentes, tomar un autobús o el siguiente, escoger la acera de la derecha o de la izquierda, detenerse o no a mirar un escaparate, las que determinan que nuestra vida avance en un sentido, tome un camino y rechace otro. ¿Qué habría pasado si yo no hubiese ido aquel día a la biblioteca de la universidad, buscando documentación para la novela sobre la revuelta carlista, justo a la misma hora en que Ramón estaba allí esperando para exponerle al director el plan informático que su departamento había diseñado para modernizar el servicio? O si yo hubiese decidido tomar el metro, en vez de un taxi, y hubiese llegado diez minutos más tarde, cuando Ramón se había encerrado ya con el director en su despacho y no nos hubiésemos visto. O si mis padres, en vez de haber comprado esta casa, se hubiesen decidido por la que nos había encontrado, unos kilómetros más al norte, y a buen precio, la tía Encarnación. Quizá muchas de las cosas que pasaron en nuestras vidas a partir de ese momento no habrían pasado, ni mucho menos las suyas, las de mis padres, quiero decir, hubieran acabado del modo en que acabaron. Y, por descontado, la otra coincidencia, aparentemente imposible, que Ramón conociera esta casa a través de su padre, nunca se habría producido».

(RAMÓN *entra por el primer término izquierda.* *Es ya casi de noche, la parte del mar está oscura. Busca a* ROGER *con la mirada, se alarma al no verlo.*)

RAMÓN   ¡Carlota!

CARLOTA   (*Abandona su aire abstraído.*) ¿Qué?

RAMÓN   ¿Dónde está?

CARLOTA   ¿Quién?

RAMÓN   (*Nervioso.*) ¿Quién ha de ser? ¡Mi padre!

CARLOTA   No sé... Estaba aquí hace un momento, ¿no?

RAMÓN   (*Con reproche.*) ¿Cómo has dejado que se vaya?

CARLOTA   Se tenía que ocupar la chica, ¿no?

RAMÓN   Y nosotros, de ayudarla. (*Va a la orilla del mar. Gritando.*) ¡Papá! (*Insiste, más fuerte.*) ¡Papá!

(ROGER *entra por la izquierda, segundo término.*)

ROGER   Tu barca no vale nada. Se ha deshinchado. (*Ante la sorpresa de* RAMÓN *y* CARLOTA, *continúa explicándose, con naturalidad.*) El amigo de mamá, el de la casa grande, tenía una. Aquella sí que era buena. (*Pausa. Con añoranza.*) Salimos un día a navegar y no volvimos hasta que se hizo de noche...

Oscuro lento.

[10]

Cuando se reanuda la acción, es de noche. La disposición del espacio es la misma de la escena seis: el mar se supone que se encuentra en el sitio que ocupan los espectadores, mientras que la casa se intuye, al fondo, entre las sombras. Solo está iluminado el centro de la escena, en primer término. En la zona de luz, mirando el mar, CARLOTA, *sentada en la arena. A su lado,* RAMÓN.

CARLOTA   Pero tú siempre me dijiste que solo se ocupaba de asuntos administrativos.

RAMÓN   Es lo que hacía.

CARLOTA   Entonces, ¿por qué...?

RAMÓN   ¿... le he dicho lo que le he dicho, lo de los interrogatorios? Me ha tocado un poco las narices.

CARLOTA   ¿El qué?

RAMÓN   ¡Eso de que mi padre tiene alma de poeta! ¡Él! Si exceptuamos las referencias a esa infancia que se ha inventado en sueños, no he conocido persona más prosaica. Toda la vida ahorrando para la jubilación, no tenía otro objetivo. Se las hizo pasar canutas, a mi madre.

CARLOTA Hay mucha gente así.

RAMÓN ¿Cómo puede uno vivir sin ningún horizonte? Dejarse arrastrar por la vida. Como un vegetal.

CARLOTA No creo que sea un buen símil. Los vegetales crecen enraizados en la tierra.

RAMÓN Tú, siempre tan precisa en cuestiones de léxico.

CARLOTA No seas injusto.

RAMÓN Si ser justo quiere decir que a partir de ahora tendremos que vivir con incomodidades, prefiero ser injusto.

CARLOTA No te podrás quejar. Hasta ahora, nunca has tenido que hacerte cargo de tu padre. Ni siquiera íbamos a visitarlo.

RAMÓN Sí que íbamos. Un par de veces al año.

CARLOTA Ahora es a ti a quien le gusta puntualizar.

RAMÓN Has dicho que no íbamos nunca a visitarlo. Y no es exacto.

CARLOTA De acuerdo. Solo íbamos par de veces al año.

RAMÓN No lo soportabas.

CARLOTA   Tú eras quien lo tenía que soportar. Era tu padre.

RAMÓN   Tú, siempre tan colaboradora.

CARLOTA   Muy colaboradora: te olvidas de que era yo la que te obligaba a ir.

RAMÓN   Me gustaría saber por qué te sentías obligada.

CARLOTA   No me sentía obligada. Solo trataba de ahorrarme las consecuencias, siempre desagradables, de tu mala conciencia.

RAMÓN   ¿Mi mala conciencia? ¿Y por qué tenía que tener yo mala conciencia?

CARLOTA   Por no querer a tu padre. Por odiarlo.

RAMÓN   ¿Por odiarlo? Me parece que estás empezando a creerte lo que escribes.

CARLOTA   ¿Qué quieres decir?

RAMÓN   Son las reglas del género, que acaban imponiéndose.

CARLOTA   ¿Qué género?

RAMÓN   El melodrama. Creía que resultaba evidente.

CARLOTA   Yo no escribo melodramas. Ni siquiera me gusta vivirlos.

RAMÓN   En los melodramas pasan muchas cosas. Y muy emocionantes. Todo lo contrario que en la vida.

CARLOTA   No es mi estilo.

RAMÓN   Lástima.

CARLOTA   Quieres decir que encuentras a faltar las emociones.

RAMÓN   Un poco de aventura, sí. Aunque solo sea como espectador.

CARLOTA   Ese es el problema: la generación de nuestros padres aún leía a Julio Verne. Y se contentaba con eso.

RAMÓN   La ciencia ha avanzado mucho. Y el mundo se ha hecho pequeño.

CARLOTA   No te veo a ti explorando selvas tropicales. No podrías soportar mancharte los zapatos.

RAMÓN   No sabes tú de lo que soy capaz.

CARLOTA   Sí que lo sé. He tenido ocasión de comprobarlo a menudo.

RAMÓN   Te sorprendería, si te decidieras a acompañarme.

CARLOTA   Yo no necesito aventuras. Lo has dicho antes: ya tengo la literatura.

RAMÓN   ¿Y con eso ya eres feliz?

CARLOTA   Razonablemente feliz. ¿Y tú, con tus sueños?

RAMÓN   Supongo que también.

CARLOTA   ¿Solo lo supones?

RAMÓN   Me preocupan los primeros síntomas de artri-
             tis. Las dificultades en la erección. Los pro-
             blemas dentales. La calvicie.

CARLOTA   El sobrepeso. (*Pausa.*) El aburrimiento.

RAMÓN   Nos negamos a envejecer.

CARLOTA   Nos exigimos más cosas de las que somos ca-
             paces de gestionar.

RAMÓN   No habría que desear más cosas que las que se
             pueden conseguir con un mínimo esfuerzo.

CARLOTA   Tienes razón. (*Pausa. Sin mirarlo.*) Ha sido
             una suerte que nos encontráramos.

RAMÓN   (*Sin mirarla.*) Sí.

CARLOTA   (*Para sí misma.*) Y que, a pesar de los años,
             aún deseemos estar juntos.

             (*El hombre no contesta.*)

             Oscuro lento.

[11]

Luz sobre Una, *en primer término izquierda, sentada ante una mesita pequeña de mimbre. Mientras habla va encajando las diferentes piezas que componen un rompecabezas, exactamente igual que en la escena primera.*

Una   Mi padre no era inglés; no es verdad, no conocí a mi padre, yo creo que ni mi madre sabía exactamente de quién soy hija. Sufrió mucho, no la culpo. Era una mujer muy especial. Iba contra corriente. Cuando me tuvo, ya era mayor. Fue una de las primeras mujeres, en este país, que se dedicó profesionalmente a la arquitectura, era algo de lo que estaba muy orgullosa. Guardaba un álbum con recortes de prensa, planos de edificios; parece ser que era muy buena, pero apenas tuvo ocasión de trabajar. Lo de mi padre no es cierto, pero siempre queda mejor decir que se trataba de un inglés del Caribe, de raza negra, pero rico y con estudios, y que se dedicaba a las prospecciones petrolíferas, que no uno de aquellos funcionarios corruptos del entorno del presidente con los cuales mi madre solía emborracharse. Habría sido una gran arquitecto, es posible, pero le gustaba el peligro: creía que la fuerza de la razón siempre acaba por imponerse, tenía algo de iluminada: la verdad nos hará libres y todo eso. No sé exactamente qué pasó, estaba envuelta en asuntos políticos, un partido clandestino, mantenía una relación sentimental con un compañero de lucha y parece que tuvo una historia con un hombre casado, no sé si después o simultáneamente, el caso es que la célula cayó, los delataron y se lo hicieron pasar francamente mal, y eso que su padre tenía dinero, eran gente cercana al Régimen, o quizá por eso, nunca quiso darme demasiados detalles sobre su familia, solo que tenían una gran casa junto al mar. Una casa que ahora han convertido en apartamentos y donde duermo yo las noches en que aquí no hago falta. Y me gusta pensar que quizá alguna vez ella estuvo aquí, en este punto exacto, mirando el mar, desde el mismo lugar en que lo miro ahora. Pero sé que eso no tiene ningún sentido, que éste fue solo un lugar de paso, donde no quiso o no pudo, enraizarse. A partir de aquellos hechos parece que mi madre ya no volvió a ser la misma, y cuando su padre murió, se trasladó a Guinea, donde la familia tenía un negocio de madera, y se hizo cargo. Exactamente: lo llevó a la ruina, creo yo que de una manera consciente y minuciosa. Y allí nací yo. Es una parte de mi infancia que siempre he deseado olvidar, mi madre quiso alejarme de aquel ambiente, afortunadamente teníamos familiares aquí que, con algo de vergüenza, todo hay que decirlo, cuidaron de mí los primeros años. No era una persona afectuosa, creo que no quería tener hijos, yo solo fui un accidente, en medio de una existencia que había perdido para ella cualquier sentido. Ahora, que soy mayor, comprendo que su vida fue dura, y por eso, cuando me ha dicho que su padre trabajó en la policía política, no he podido evitar pensar, ya sé que es imposible, pero no me lo podía quitar de la cabeza, me ha impresionado mucho, que fue su padre quien torturó a mi madre... Y él ha sonreído, tiene una sonrisa un poco escéptica quizá, pero me gusta, diciéndome que no cree en las coincidencias, pero me ha aconsejado que no le cuente esta historia a su mujer. Y por qué, le he preguntado yo. Y se ha encogido de hombros: porque ella sí que cree y corre usted el peligro de que la haga salir en un libro. Y ahora he sido yo quien ha sonreído por primera vez, y él me ha dicho: ¿sabe usted que tiene una sonrisa muy bonita? Y no he sabido yo qué contestar.

(*Vemos, proyectada sobre el fondo, la imagen de la mano de* La Muchacha *en el momento en que encaja la última pieza del rompecabezas. Cuando la mano se retira podemos apreciar que ha compuesto la misma fotografía del final de la escena primera: la gran casa con aire de castillo romántico «El Refugio», la parada de tranvía, con un vehículo detenido, la playa, con dunas y, en la lejanía, la pequeña casa de verano con porche. De repente, escuchamos el sonido del tranvía, que se pone en marcha. Y, en efecto, vemos cómo el vehículo de la fotografía se anima, comienza a moverse. El ruido aumenta, hasta hacerse ensordecedor, mientras la imagen del fondo va fundiendo lentamente a negro.)*

Oscuro.

Fin.

La Canyada y València,
marzo-junio 2004.

Esta primera edición de *raccord*,
de Rodolf Sirera, terminó de imprimirse
en abril de dos mil veinticinco,
en Madrid.